全国普法学习读本

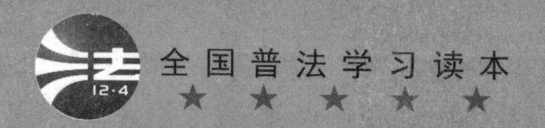

职业特殊教育法律法规学习读本
特殊教育综合法律法规

叶浦芳　主编

加大全民普法力度，建设社会主义法治文化，树立宪法法律至上、法律面前人人平等的法治理念。
——中国共产党第十九次全国代表大会《决胜全面建成小康社会　夺取新时代中国特色社会主义伟大胜利》

汕头大学出版社

图书在版编目（CIP）数据

特殊教育综合法律法规／叶浦芳主编．-- 汕头：汕头大学出版社（2021.7重印）

（职业特殊教育法律法规学习读本）

ISBN 978-7-5658-3328-1

Ⅰ．①特… Ⅱ．①叶… Ⅲ．①特殊教育-教育法-中国-学习参考资料 Ⅳ．①D922.164

中国版本图书馆 CIP 数据核字（2018）第 000717 号

特殊教育综合法律法规 TESHU JIAOYU ZONGHE FALÜ FAGUI

主　　编：叶浦芳
责任编辑：汪艳蕾
责任技编：黄东生
封面设计：大华文苑
出版发行：汕头大学出版社
　　　　　广东省汕头市大学路 243 号汕头大学校园内　邮政编码：515063
电　　话：0754-82904613
印　　刷：三河市南阳印刷有限公司
开　　本：690mm×960mm 1/16
印　　张：18
字　　数：226 千字
版　　次：2018 年 1 月第 1 版
印　　次：2021 年 7 月第 2 次印刷
定　　价：59.60 元（全 2 册）

ISBN 978-7-5658-3328-1

版权所有，翻版必究
如发现印装质量问题，请与承印厂联系退换

前　言

习近平总书记指出："推进全民守法，必须着力增强全民法治观念。要坚持把全民普法和守法作为依法治国的长期基础性工作，采取有力措施加强法制宣传教育。要坚持法治教育从娃娃抓起，把法治教育纳入国民教育体系和精神文明创建内容，由易到难、循序渐进不断增强青少年的规则意识。要健全公民和组织守法信用记录，完善守法诚信褒奖机制和违法失信行为惩戒机制，形成守法光荣、违法可耻的社会氛围，使遵法守法成为全体人民共同追求和自觉行动。"

中共中央、国务院曾经转发了中央宣传部、司法部关于在公民中开展法治宣传教育的规划，并发出通知，要求各地区各部门结合实际认真贯彻执行。通知指出，全民普法和守法是依法治国的长期基础性工作。深入开展法治宣传教育，是全面建成小康社会和新农村的重要保障。

普法规划指出：各地区各部门要根据实际需要，从不同群体的特点出发，因地制宜开展有特色的法治宣传教育坚持集中法治宣传教育与经常性法治宣传教育相结合，深化法律进机关、进乡村、进社区、进学校、进企业、进单位的"法律六进"主题活动，完善工作标准，建立长效机制。

特别是农业、农村和农民问题，始终是关系党和人民事业发展的全局性和根本性问题。党中央、国务院发布的《关于推进社会主义新农村建设的若干意见》中明确提出要"加强农村法制建设，深入开展农村普法教育，增强农民的法制观念，提高农民依法行使权利和履行义务的自觉性。"多年普法实践证明，普及法律知识，提高法制观念,增强全社会依法办事意识具有重要作用。特别是在广大农村进行普法教育,是提高全民法律素质的需要。

多年来,我国在农村实行的改革开放取得了极大成功,农村发生了翻天覆地的变化,广大农民生活水平大大得到了提高。但是,由于历史和社会等原因,现阶段我国一些地区农民文化素质还不高,不学法、不懂法、不守法现象虽然较原来有所改变,但仍有相当一部分群众的法制观念仍很淡化,不懂、不愿借助法律来保护自身权益,这就极易受到不法的侵害,或极易进行违法犯罪活动,严重阻碍了全面建成小康社会和新农村步伐。

为此,根据党和政府的指示精神以及普法规划,特别是根据广大农村农民的现状,在有关部门和专家的指导下,特别编辑了这套《全国普法学习读本》。主要包括了广大人民群众应知应懂、实际实用的法律法规。为了辅导学习,附录还收入了相应法律法规的条例准则、实施细则、解读解答、案例分析等;同时为了突出法律法规的实际实用特点,兼顾地方性和特殊性,附录还收入了部分某些地方性法律法规以及非法律法规的政策文件、管理制度、应用表格等内容,拓展了本书的知识范围,使法律法规更"接地气",便于读者学习掌握和实际应用。

在众多法律法规中,我们通过甄别,淘汰了废止的,精选了最新的、权威的和全面的。但有部分法律法规有些条款不适应当下情况了,却没有颁布新的,我们又不能擅自改动,只得保留原有条款,但附录却有相应的补充修改意见或通知等。众多法律法规根据不同内容和受众特点,经过归类组合,优化配套。整套普法读本非常全面系统,具有很强的学习性、实用性和指导性,非常适合用于广大农村和城乡普法学习教育与实践指导。总之,是全国全民普法的良好读本。

目　录

特殊教育学校暂行规程

第一章　总　则 ……………………………………………（1）
第二章　入学及学籍管理 …………………………………（3）
第三章　教育教学工作 ……………………………………（5）
第四章　校长、教师和其他人员 …………………………（8）
第五章　机构与日常管理 …………………………………（9）
第六章　卫生保健及安全工作 ……………………………（10）
第七章　校园、校舍、设备及经费 ………………………（11）
第八章　学校、社会与家庭 ………………………………（12）
第九章　附　则 ……………………………………………（13）
附　录
　　特殊教育补助资金管理办法 …………………………（14）
　　普通学校特殊教育资源教室建设指南 ………………（19）
　　关于加强特殊教育教师队伍建设的意见 ……………（24）

残疾人教育条例

第一章　总　则 ……………………………………………（28）
第二章　义务教育 …………………………………………（29）
第三章　职业教育 …………………………………………（34）
第四章　学前教育 …………………………………………（34）

第五章　普通高级中等以上教育及继续教育……………（35）
第六章　教　师……………………………………………（36）
第七章　条件保障…………………………………………（38）
第八章　法律责任…………………………………………（40）
第九章　附　则……………………………………………（41）
附　录
　　关于开展残疾儿童少年随班就读工作的试行办法………（42）
　　残疾人参加普通高等学校招生全国统一考试
　　　管理规定（暂行）…………………………………（49）

幼儿园管理条例

第一章　总　则……………………………………………（55）
第二章　举办幼儿园的基本条件和审批程序……………（56）
第三章　幼儿园的保育和教育工作………………………（57）
第四章　幼儿园的行政事务………………………………（58）
第五章　奖励与处罚………………………………………（59）
第六章　附　则……………………………………………（60）

幼儿园工作规程

第一章　总　则……………………………………………（61）
第二章　幼儿入园和编班…………………………………（63）
第三章　幼儿园的安全……………………………………（63）
第四章　幼儿园的卫生保健………………………………（64）
第五章　幼儿园的教育……………………………………（66）
第六章　幼儿园的园舍、设备……………………………（68）

第七章　幼儿园的教职工 …………………………………… (69)

第八章　幼儿园的经费 ……………………………………… (72)

第九章　幼儿园、家庭和社区 ……………………………… (73)

第十章　幼儿园的管理 ……………………………………… (74)

第十一章　附　则 …………………………………………… (75)

附　录

　中小学幼儿园安全管理办法 ……………………………… (76)

　幼儿园教育指导纲要（试行） …………………………… (91)

　教育部关于在中小学幼儿园广泛深入开展

　　节约教育的意见 ………………………………………… (105)

少年儿童校外教育机构工作规程

第一章　总　则 ……………………………………………… (109)

第二章　机　构 ……………………………………………… (111)

第三章　活　动 ……………………………………………… (112)

第四章　人　员 ……………………………………………… (114)

第五章　条件保障 …………………………………………… (115)

第六章　奖励与处罚 ………………………………………… (116)

第七章　附　则 ……………………………………………… (117)

附　录

　关于改进和加强少年儿童校外教育工作的意见 ……… (118)

　现代远程教育校外学习中心（点）暂行管理办法 …… (124)

中华人民共和国国防教育法

第一章　总　则 ……………………………………………… (128)

第二章　学校国防教育 …………………………………（130）

第三章　社会国防教育 …………………………………（131）

第四章　国防教育的保障 ………………………………（133）

第五章　法律责任 ………………………………………（135）

第六章　附　则 …………………………………………（136）

特殊教育学校暂行规程

中华人民共和国教育部令

第 30 号

《教育部关于修改和废止部分规章的决定》已经 2010 年 12 月 13 日第 28 次部长办公会议审议通过，现予公布，自公布之日起施行。

教育部部长
二〇一〇年十二月十三日

(1998 年 12 月 2 日中华人民共和国教育部令第 1 号发布；根据 2010 年 12 月 13 日《教育部关于修改和废止部分规章的决定》修改)

第一章 总 则

第一条 为加强特殊教育学校内部的规范化管理，全面贯彻教育方针,全面提高教育质量,依据国家有关教育法律、法规制定本规程。

第二条 本规程所指的特殊教育学校是指由政府、企业事业组织、社会团体、其他社会组织及公民个人依法举办的专门对残疾儿童、少年实施义务教育的机构。

第三条 特殊教育学校的学制一般为九年一贯制。

第四条 特殊教育学校要贯彻国家教育方针,根据学生身心特点和需要实施教育,为其平等参与社会生活,继续接受教育,成为社会主义事业的建设者和接班人奠定基础。

第五条 特殊教育学校的培养目标是:

培养学生初步具有爱祖国、爱人民、爱劳动、爱科学、爱社会主义的情感,具有良好的品德,养成文明、礼貌、遵纪守法的行为习惯;掌握基础的文化科学知识和基本技能,初步具有运用所学知识分析问题、解决问题的能力;掌握锻炼身体的基本方法,具有较好的个人卫生习惯,身体素质和健康水平得到提高;具有健康的审美情趣;掌握一定的日常生活、劳动、生产的知识和技能;初步掌握补偿自身缺陷的基本方法,身心缺陷得到一定程度的康复;初步树立自尊、自信、自强、自立的精神和维护自身合法权益的意识,形成适应社会的基本能力。

第六条 特殊教育学校的基本教学语言文字为汉语言文字。学校应当推广使用全国通用的普通话和规范字以及国家推行的盲文、手语。

招收少数民族学生为主的学校,可使用本民族或当地民族通用语言文字和盲文、手语进行教学,并应根据实际情况在适当年级开设汉语文课程,开设汉语文课程应当使用普通话和规范汉字。

第七条　特殊教育学校实行校长负责制，校长全面负责学校的教学和其它行政工作。

第八条　按照"分级管理、分工负责"的原则，特殊教育学校在当地人民政府领导下实施教育工作。特殊教育学校应接受教育行政部门或上级主管部门的检查、监督和指导，要如实报告工作，反映情况。学年末，学校要向主管教育行政部门报告工作，重大问题应随时报告。

第二章　入学及学籍管理

第九条　特殊教育学校招收适合在校学习的义务教育阶段学龄残疾儿童、少年入学。招生范围由主管教育行政部门确定。学校实行秋季始业。

学校应对入学残疾儿童、少年的残疾类别、原因、程度和身心发展状况等进行必要的了解和测评。

第十条　特殊教育学校应根据有利于教育教学和学生身心健康的原则确定教学班学额。

第十一条　特殊教育学校对因病无法继续学习的学生（须具备县级以上医疗单位的证明）在报经主管教育行政部门批准后，准其休学。休学时间超过三个月，复学时学校可根据其实际情况并征求本人及其父母或其他监护人的意见后编入相应年级。

第十二条　特殊教育学校应接纳其主管教育行政部门批准、不适合继续在普通学校就读申请转学的残疾儿童、少年，并根据其实际情况，编入相应年级。

学校对因户籍变更申请转入，并经主管教育行政部门审核符合条件的残疾儿童、少年，应及时予以妥善安置，不得拒收。

学校对招生范围以外的申请就学的残疾儿童、少年，经主管教育行政部门批准后，可准其借读，并可按有关规定收取借读费。

第十三条 特殊教育学校对修完规定课程且成绩合格者，发给毕业证书，对不合格者发给结业证书；对已修满义务教育年限但未修完规定课程者，发给肄业证书；对未修满义务教育年限者，可视情况出具学业证明。

学校一般不实行留级制度。

第十四条 特殊教育学校对学业能力提前达到更高年级程度的学生，可准其提前升入相应年级学习或者提前学习相应年级的有关课程。经考查能够在普通学校随班就读的学生，在经得本人、其父母或其他监护人的同意后，应向主管教育行政部门申请转学。

第十五条 特殊教育学校对品学兼优的学生应予表彰，对犯有错误的学生应给予帮助或批评教育，对极少数错误严重的学生，可分别给予警告、严重警告和记过处分。学校一般不得开除义务教育阶段学龄学生。

第十六条 特殊教育学校应防止未修满义务教育年限的学龄学生辍学，发现学生辍学，应立即向主管部门报告，配合有关部门依法使其复学。

第十七条 特殊教育学校的学籍管理办法由省级教育行政部门制定。

第三章 教育教学工作

第十八条 特殊教育学校的主要任务是教育教学工作，其他各项工作应有利于教育教学工作的开展。

学校的教育教学工作要面向全体学生，坚持因材施教，改进教育教学方法，充分发挥各类课程的整体功能，促进学生全面发展。

第十九条 特殊教育学校应按照国家制定的特殊教育学校课程计划、教学大纲进行教育教学工作。

学校使用的教材，须经省级以上教育行政部门审查通过；实验教材、乡土教材须经主管教育行政部门批准后方可使用。

学校应根据学生的实际情况和特殊需要，采用不同的授课制和多种教学组织形式。

第二十条 特殊教育学校应当依照教育行政部门颁布的校历安排教育教学工作。特殊教育学校不得随意停课，若遇特殊情况必须停课的，一天以内的由校长决定，并报县级教育行政部门备案；一天以上的，应经县级人民政府批准。

第二十一条 特殊教育学校不得组织学生参加商业性的庆典、演出等活动，参加其他社会活动不应影响教育教学秩序和学校正常工作。

第二十二条 特殊教育学校要把德育工作放在重要位置，要结合学校和学生的实际实施德育工作，注重实效。

学校的德育工作由校长负责，教职工参与，做到组织落实、制度落实、内容落实、基地落实、时间落实；要与家庭教育、社会教育密切结合。

第二十三条　特殊教育学校对学生应坚持正面教育，注意保护学生的自信心、自尊心，不得讽刺挖苦、粗暴压服，严禁体罚和变相体罚。

第二十四条　特殊教育学校要在每个教学班设置班主任教师，负责管理、指导班级全面工作。班主任教师要履行国家规定的班主任职责，加强同各科任课教师、学校其他人员和学生家长的联系，了解学生思想、品德、学业、身心康复等方面的情况，协调教育和康复工作。

班主任教师每学期要根据学生的表现写出评语。

第二十五条　特殊教育学校要根据学生的实际情况有针对性地给学生布置巩固知识、发展技能和康复训练等方面的作业。

第二十六条　特殊教育学校应重视体育和美育工作。

学校要结合学生实际，积极开展多种形式的体育活动，增强学生的体质。学校应保证学生每天不少于一小时的体育活动时间。

学校要上好艺术类课程，注意培养学生的兴趣、爱好和特长，其他学科也要从本学科特点出发，发挥美育功能。美育要结合学生日常生活，提出服饰、仪表、语言、行为等方面审美要求。

第二十七条　特殊教育学校要特别重视劳动教育、劳动技术教育和职业教育。学校要对低、中年级学生实施劳动教育，培养学生爱劳动、爱劳动人民、珍惜劳动成果的思想，培养从事自我服务、家务劳动和简单生产劳动的能力，养成良好的劳动习惯；要根据实际情况对高年级学生实施劳动技术教育和职业教育，提高学生的劳动、就业能力。

学校劳动教育、劳动技术教育和职业教育，应做到内容落实、师资落实、场地落实。

学校要积极开展勤工俭学活动，办好校办产业；勤工俭学和校办产业的生产、服务活动要努力与劳动教育、劳动技术教育和职业教育相结合。学生参加勤工俭学活动，应以有利于学生的身心健康和发展为原则。

第二十八条 特殊教育学校要把学生的身心康复作为教育教学的重要内容，根据学生的残疾类别和程度，有针对性地进行康复训练，提高训练质量。要指导学生正确运用康复设备和器具。

第二十九条 特殊教育学校要重视学生的身心健康教育，培养学生良好的心理素质和卫生习惯，提高学生保护和合理使用自身残存功能的能力；适时、适度地进行青春期教育。

第三十条 特殊教育学校应加强活动课程和课外活动的指导，做到内容落实、指导教师落实、活动场地落实；要与普通学校、青少年校外教育机构和学生家庭联系，组织开展有益活动，安排好学生的课余生活。学校组织学生参加竞赛、评奖活动，要执行教育行政部门的有关规定。

第三十一条 特殊教育学校要在课程计划和教学大纲的指导下，通过多种形式评价教育教学质量，尤其要重视教学过程的评价。学校不得仅以学生的学业考试成绩评价教育教学质量和教师工作。

学校每学年要对学生德、智、体和身心缺陷康复等方面进行1-2次评价，毕业时要进行终结性评价，评价报告要收入学生档案。

视力和听力言语残疾学生，1-6年级学期末考试科目为语文、数学两科，其它学科通过考查确定成绩；7-9年级学生学期末考试科目为语文、教学、劳动技术或职业技能三科,其它学科通过考查评定成绩。学期末考试由学校命题,考试方法要多样,试题的难易程度和数量要适度。

视力和听力言语残疾学生的毕业考试科目、考试办法及命题权限由省级教育行政部门确定。

智力残疾学生主要通过平时考查确定成绩,考查科目、办法由学校确定。

第三十二条 特殊教育学校要积极开展教育教学研究,运用科学的教育理论指导教育教学工作,积极推广科研成果及成功的教育教学经验。

第三十三条 特殊教育学校应合理安排作息时间,学生每日在校用于教学活动时间,不得超过课程计划规定的课时。接受劳动技术教育和职业教育的学生,用于劳动实习的时间,每天不超过3小时;毕业年级集中生产实习每天不超过6小时,并要严格控制劳动强度。

第四章 校长、教师和其他人员

第三十四条 特殊教育学校可按编制设校长、副校长、主任、教师和其他人员。

第三十五条 特殊教育学校校长是学校的行政负责人。校长应具备、符合国家规定的任职条件和岗位要求,履行国家规定的职责。校长由学校举办者或举办者的上级主管部门任命或聘任;副校长及教导(总务)主任等人员由校长提名,按有关规定权限和程序任命或聘任。社会力量举办的特殊教育学校校长应报教育行政部门核准后，由校董会或学校举办者聘任。校长要加强教育及其有关法律法规、教育理论的学习，要熟悉特殊教育业务，不断加强自身修养，提高管理水平，依法对学校实施管理。

第三十六条 特殊教育学校教师应具备国家规定的相应教师资格和任职条件，具有社会主义的人道主义精神，关心残疾学生，掌握特殊教育的专业知识和技能，遵守职业道德，完成教育教学工作，享受和履行法律规定的权利和义务。

第三十七条 特殊教育学校其他人员应具备相应的思想政治、业务素质，其具体任职条件、职责由教育行政部门或学校按照国家的有关规定制定。

第三十八条 特殊教育学校要根据国家有关规定实行教师聘任、职务制度，对教师和其他人员实行科学管理。

第三十九条 特殊教育学校要加强教师的思想政治、职业道德教育，重视教师和其他人员的业务培训和继续教育，制定进修计划，积极为教师和其他人员进修创造条件。教师和其他人员进修应根据学校工作需要，以在职、自学、所教学科和所从事工作为主。

第四十条 特殊教育学校应建立健全考核奖惩制度和业务考核档案，从德、能、勤、绩等方面全面、科学考核教师和其他人员工作，注重工作表现和实绩，并根据考核结果奖优罚劣。

第五章 机构与日常管理

第四十一条 特殊教育学校可根据规模，内设分管教务、总务等工作的机构（或岗位）和人员，协助校长做好有关工作。

招收两类以上残疾学生的特殊教育学校,可设置相应的管理岗位,其具体职责由学校确定。

第四十二条　特殊教育学校应按国家有关规定建立教职工代表会议制度,加强对学校民主管理和民主监督。

第四十三条　校长要依靠党的学校(地方)基层组织,并充分发挥工会、共青团、少先队及其他组织在学校工作中的作用。

第四十四条　特殊教育学校应根据国家有关法律法规和政策建立健全各项规章制度,建立完整的学生、教育教学和其它档案。

第四十五条　特殊教育学校应建立健全学生日常管理制度,并保证落实。学生日常管理工作应与社区、家庭密切配合。

第四十六条　特殊教育学校应按有利于管理,有利于教育教学,有利于安全的原则设置教学区和生活区。

第四十七条　寄宿制特殊教育学校实行24小时监护制度。要设专职或兼职人员,负责学生的生活指导和管理工作,并经常与班主任教师保持联系。

第六章　卫生保健及安全工作

第四十八条　特殊教育学校应认真执行国家有关学校卫生工作的法规、政策,建立健全学校卫生工作制度。

第四十九条　特殊教育学校的校园、校舍、设备、教具、学具和图书资料等应有利于学生身心健康。学校要做好预防传染病、常见病的工作。

第五十条　特殊教育学校要特别重视学生的安全防护工作,

建立健全安全工作制度。学校校舍、设施、设备、教具、学具等都应符合安全要求。学校组织的各项校内、外活动，应采取安全防护措施，确保师生的安全。

学校要根据学生特点，开展安全教育和训练，培养学生的安全意识和在危险情况下自护自救能力。

第五十一条 特殊教育学校应配备专职或兼职校医，在校长的领导下，负责学校卫生保健工作和教学、生活卫生监督工作。

学校应建立学生健康档案，每年至少对学生进行一次身体检查；注重保护学生的残存功能。

第五十二条 特殊教育学校要加强饮食管理。食堂的场地、设备、用具、膳食要符合国家规定的卫生标准，要注意学生饮食的营养合理搭配。要制定预防肠道传染病和食物中毒的措施，建立食堂工作人员定期体检制度。

第七章 校园、校舍、设备及经费

第五十三条 特殊教育学校的办学条件及经费由学校举办者负责提供，校园、校舍建设应执行国家颁布的《特殊教育学校建设标准》。

学校应具备符合规定标准的教学仪器设备、专用检测设备、康复设备、文体器材、图书资料等；要创造条件配置现代化教育教学和康复设备。

第五十四条 特殊教育学校要特别重视校园环境建设，搞好校园的绿化和美化，搞好校园文化建设，形成良好的育人环境。

第五十五条 特殊教育学校应遵照有关规定管理和使用校

舍、场地等，未经主管部门批准，不得改变其用途；要及时对校舍设施进行维修和维护，保持坚固、实用、清洁、美观，发现危房立即停止使用，并报主管部门。

第五十六条　特殊教育学校应加强对仪器、设备、器材和图书资料等的管理，分别按有关规定建立健全管理制度，保持完好率，提高使用率。

第五十七条　各级政府应设立助学金，用于帮助经济困难学生就学。

第五十八条　特殊教育学校的校办产业和勤工俭学收入上缴学校部分应用于改善办学条件，提高教职工福利待遇，改善学生学习和生活条件。学校可按有关规定接受社会捐助。

第五十九条　特殊教育学校应科学管理、合理使用学校经费，提高使用效益。要建立健全经费管理制度，并接受上级财务和审计部门的监督。

第八章　学校、社会与家庭

第六十条　特殊教育学校应同街道（社区）、村民委员会及附近的普通学校、机关、团体、部队、企事业单位建立联系，争取社会各界支持学校工作，优化育人环境。

第六十一条　特殊教育学校要在当地教育行政部门领导下，指导普通学校特殊教育班和残疾儿童、少年随班就读工作，培训普通学校特殊教育师资，组织教育教学研究活动，提出本地特殊教育改革与发展的建议。

第六十二条　特殊教育学校应通过多种形式与学生家长建

立联系制度，使家长了解学校工作，征求家长对学校工作的意见、帮助家长创设良好的家庭育人环境。

第六十三条　特殊教育学校应特别加强与当地残疾人组织和企事业单位的联系，了解社会对残疾人就业的需求，征求毕业生接收单位对学校教育工作的意见、建议，促进学校教育教学工作的改革。

第六十四条　特殊教育学校应为当地校外残疾人工作者、残疾儿童、少年及家长等提供教育、康复方面的咨询和服务。

第九章　附　则

第六十五条　特殊教育学校应当根据《中华人民共和国教育法》、《中华人民共和国义务教育法》、《残疾人教育条例》和本规程的规定，结合实际情况制定学校章程。承担教育改革试点任务的特殊教育学校，在报经省级主管教育行政部门批准后，可调整本规程中的某些要求。

第六十六条　本规程适用于特殊教育学校。普通学校附设的特殊教育班、特殊教育学校的非义务教育机构和实施职业教育的特殊教育学校可参照执行有关内容。

第六十七条　各省、自治区、直辖市教育行政部门可根据本规程制定实施办法。

第六十八条　本规程自发布之日起施行。

附　录

特殊教育补助资金管理办法

关于印发《特殊教育补助资金管理办法》的通知

财教〔2015〕463号

各省（自治区、直辖市、计划单列市）财政厅（局）、教育厅（教委、教育局），新疆生产建设兵团财务局、教育局：

  为加强和规范特殊教育补助资金管理，提高资金使用效益，支持特殊教育发展，根据国家有关规定，财政部、教育部制定了《特殊教育补助资金管理办法》，现予印发，请遵照执行。

财政部　教育部

2015年11月14日

  第一条　为加强和规范特殊教育补助资金（以下简称补助资金）管理，提高资金使用效益，支持特殊教育发展，根据国家有关规定，制定本办法。

第二条　补助资金是由中央财政设立、通过一般公共预算安排、用于支持特殊教育发展的资金。

第三条　补助资金由财政部和教育部共同管理。财政部负责组织补助资金中期财政规划和年度预算编制，会同教育部分配下达资金，对资金使用情况进行监督和绩效管理；教育部负责指导地方编制项目规划，审核地方申报材料，提出资金需求测算方案，推动组织实施工作，会同财政部做好资金使用情况监督和绩效管理工作。

第四条　补助资金使用管理遵循"中央引导、突出重点、省级统筹、规范透明"的原则。

第五条　补助资金支持范围为全国独立设置的特殊教育学校和招收较多残疾学生随班就读的义务教育阶段学校。重点支持中西部省份和东部部分困难地区。补助资金主要用于以下方面：

（一）支持特殊教育学校改善办学条件，为特殊教育学校配备特殊教育教学专用设备设施和仪器等。

（二）支持特教资源中心（教室）建设，为资源中心和义务教育阶段普通学校的资源教室配备必要的特殊教育教学和康复设备。

（三）支持向重度残疾学生接受义务教育提供送教上门服务，为送教上门的教师提供必要的交通补助；支持探索教育与康复相结合的医教结合实验，配备相关仪器设备，为相关人员提供必要的交通补助。

第六条　补助资金按因素法分配到相关省份，由省级财政和教育部门统筹安排，合理使用。主要分配因素包括：义务教育阶段特殊教育学生数等事业发展情况、人均可用财力、工作努力程度等。各因素数据通过相关统计资料和省级申报材料获得。

第七条 省级财政和教育部门应当在每年3月15日前,向财政部和教育部提出当年补助资金申报材料,并抄送财政部驻当地财政监察专员办事处。申报材料主要包括:

(一)上年度资金使用管理情况。主要包括上年度全省资金安排与分配情况、工作进展情况、资金效益和有关建议意见等。上年度省本级财政安排支持特殊教育发展方面的专项资金统计表及相应预算文件。

(二)本年度工作方案。主要包括当年工作目标和绩效目标、重点任务和资金预算安排、执行计划及时间表,绩效目标要明确、具体、可考核。

补助资金申报材料作为开展绩效评价和资金分配的依据之一。逾期不提交申报材料的,在分配当年资金时,相关因素作零分处理。

第八条 财政部和教育部每年9月30日前提前下达下一年度部分补助资金预算指标;当年预算在全国人民代表大会批准中央预算后90日内正式下达。预算发文同时抄送财政部驻各地财政监察专员办事处。

省级财政和教育部门接到中央补助资金预算(含提前下达预算指标)后,应当在30日内按照预算级次合理分配、及时下达预算,并将预算发文抄送财政部驻当地财政监察专员办事处。

县级财政和教育部门应当在收到上级补助资金预算文件后的30日内,将资金下达到具体项目单位。严禁用于偿还债务、弥补其他项目资金缺口，严禁套取、截留、挤占和挪用。

第九条 补助资金支付应当按照国库集中支付有关规定执行。

第十条 财政部和教育部对补助资金实施目标管理。省级财政和教育部门应当统筹组织、指导协调相关管理工作，建立健全项目管理制度，督促县级财政和教育部门将补助资金落实到项目。

支持特殊教育学校改善办学条件，应当优先支持未达到《特殊教育学校建设标准》和《三类特殊教育学校教学与医疗康复仪器设备配备标准》的学校；资源中心应当设立在30万人口以下且未建立特殊教育学校的县，资源教室应当优先设立在招收较多残疾学生随班就读且在当地学校布局调整规划中长期保留的义务教育阶段学校；"医教结合"实验项目应当优先选择具备整合教育、卫生、康复等资源的能力，能够提供资金、人才、技术等相应支持保障条件的地区和学校。

第十一条 县级教育和财政部门应当督促项目单位严格执行项目预算，加快项目实施进度，确保项目如期完成。

项目实施中涉及政府采购的，应当严格执行政府采购有关法律法规及制度。项目实施完成后，应当及时办理验收和结算手续，同时办理固定资产入账手续。未经验收或验收不合格的设施设备不得交付使用。

第十二条 项目预算下达后，因不可抗力等客观原因导致项目无法实施时，按照"谁审批谁负责"的原则，履行项目和预算变更审批手续。

第十三条 项目实施完成后，若有结余资金，由县级财政部门按有关规定使用。

第十四条 财政部和教育部对补助资金管理使用情况适时开展监督检查和绩效评价。财政部驻各地财政监察专员办事处应按规定和财政部要求，对补助资金实施全面预算监管。监督检查、绩效评价和预算监管结果作为分配补助资金的重要参考依据。

地方各级财政和教育部门应当按照各自职责，建立健全补助资金管理使用的监督检查和绩效评价制度。项目单位应当建立健全内部监督约束机制，确保补助资金管理和使用安全、规范。

第十五条 地方各级财政部门要按照财政预决算公开的要求做好信息公开工作。各省级财政、教育部门应当通过网站等方式及时公开本省份年度项目遴选办法和结果、资金安排情况及工作进展等情况。县级教育部门应当将项目名称、立项时间、实施进展、经费使用和验收结果等信息予以全程公开。

第十六条 补助资金应当专款专用，对于滞留、截留、挤占、挪用、虚列、套取补助资金以及疏于管理影响目标实现的，按照《财政违法行为处罚处分条例》给予严肃处理。

第十七条 本办法由财政部、教育部负责解释和修订。地方财政和教育部门可以依据本办法，制定地方补助资金管理和使用的具体办法或者实施细则，并抄送财政部驻当地财政监察专员办事处。

第十八条 本办法自印发之日起30天后施行。原《少数民族教育和特殊教育中央补助资金管理办法》（财教〔2006〕243号）同时废止。

普通学校特殊教育资源教室建设指南

教育部办公厅关于印发
《普通学校特殊教育资源教室建设指南》的通知
教基二厅〔2016〕1号

各省、自治区、直辖市教育厅（教委），新疆生产建设兵团教育局：

特殊教育资源教室是推进残疾儿童少年在普通学校随班就读工作的关键支撑，对全面提高特殊教育普及水平具有不可替代的重要作用。近年来，一些地区积极推进随班就读工作，对特殊教育资源教室建设进行了有益探索，积累了许多好的做法和经验，但总体来看，特殊教育资源教室工作基础薄弱，存在数量严重不足、设备配备较差、资源教师缺乏和资源教室作用发挥不足等突出问题亟待解决。

根据《义务教育法》和《残疾人教育条例》的有关规定，按照教育规划纲要和特殊教育提升计划的有关要求，为规范普通学校特殊教育资源教室的建设和管理，充分发挥资源教室为普通学校残疾学生提供特殊教育、康复训练和咨询的重要作用，加快推进普通学校随班就读工作，我部研究制定了《普通学校特殊教育资源教室建设指南》，现印发给你们。各级教育行政部门要坚持特教特办的原则，科学规划，统筹安排，合理布局，协调落实好普通学校特殊教育资源教室建设所需的资金、人员和相关政策，切实做好特殊教育资源教室的建设与管理工作。

有关情况请及时报告我部。

教育部办公厅
2016 年 1 月 20 日

为更好地推进全纳教育，完善普通学校随班就读支持保障体系，提高残疾学生教育教学质量，依据《义务教育法》和《残疾人教育条例》的有关规定，制定本指南。

一、总体要求

在普通学校（含幼儿园、普通中小学、中等职业学校，以下同）建设资源教室，要遵循残疾学生身心发展规律，充分考虑残疾学生潜能开发和功能补偿的需求，以增强残疾学生终身学习和融入社会的能力为目的；要坚持设施设备的整体性和专业服务的系统性，为残疾学生的学习、康复和生活辅导提供全方位支持；要突出针对性和有效性，根据每一个残疾学生的残疾类型、残疾程度和特殊需要，及时调整更新配置；要确保安全，配备的设施设备必须符合国家的相关安全和环保标准，不得含有国家明令禁止使用的有毒材料。

二、功能作用

资源教室是为随班就读的残疾学生及其他有特殊需要的学生、教师和家长，提供特殊教育专业服务的场所，应具备如下主要功能：

（一）开展特殊教育咨询、测查、评估、建档等活动。

（二）进行学科知识辅导。

（三）进行生活辅导和社会适应性训练。

（四）进行基本的康复训练。

（五）提供支持性教育环境和条件。

（六）开展普通教师、学生家长和有关社区工作人员的培训。

三、基本布局

资源教室应当优先设立在招收较多残疾学生随班就读且在当地学校布局调整规划中长期保留的普通学校。招收5人以上数量残疾学生的普通学校，一般应设立资源教室。不足5人的，由所在区域教育行政部门统筹规划资源教室的布局，辐射片区所有随班就读学生，实现共享发展。

四、场地及环境

资源教室应有固定的专用场所，一般选择教学楼一层，位置相对安静、进出方便。其面积应不小于60平方米，若由多个房间组成，应安排在一起。有条件的普通学校，可以结合需要适当扩大。所附基础设施要符合《无障碍环境建设条例》《无障碍设计规范》《特殊教育学校建筑设计规范》中的有关规定。

五、区域设置

资源教室应设置学习训练、资源评估和办公接待等基本区域。

（一）学习训练区。主要用于以个别或小组形式对学生进行学科学习辅导，以及相关的认知、情绪、社交发展方面的训练。根据学生的需求，对学生进行动作及感觉统合训练、视功能训练、言语语言康复训练等。

（二）资源评估区。主要用于存放学生教学训练计划、教师工作计划，教具、学具、图书音像资料。对学生进行学习需求测查，各种心理、生理功能基本测查和评估等。

（三）办公接待区。主要用于教师处理日常工作事务及开展相关管理工作，接待校内学生、教师、家长等来访者。

在不影响资源教室基本功能的情况下，资源教室各功能区域可以根据实际需求相互兼容。有条件的学校还可以适当拓展。

六、配备目录

分为基本配备与可选配备（详见附表）。基本配备是指满足基本需要的教育教学和康复训练设施设备、图书资料等。可选配备是指根据残疾学生的残疾类型、程度及其他特殊需要，选择配备的教育教学和康复训练设施设备、图书资料等。

七、资源教师

资源教室应配备适当资源教师，以保障资源教室能正常发挥作用。资源教师原则上须具备特殊教育、康复或其他相关专业背景，符合《教师法》规定的学历要求，具备相应的教师资格，符合《特殊教育教师专业标准》的规定，经过岗前培训，具备特殊教育和康复训练的基本理论、专业知识和操作技能。资源教师纳入特殊教育教师管理，在绩效考核、评优评先和职务（职称）评聘中给予倾斜。

八、管理规范

（一）开放时间。原则上，学生在校期间每天均应面向本校或片区内随班就读残疾学生开放。安排适当时间向其他有特殊需要的学生、教师和家长开放，并安排专人值班。

（二）经费投入。各地教育行政部门要将资源教室建设纳入当地特殊教育事业发展的总体规划，建立财政支持保障的长效机制。学校也应将资源教室的建设、维护以及工作运行纳入年度经费预算，保证资源教室工作正常开展。

（三）日常管理。资源教室应纳入学校统一管理，建立和完善相关管理制度。资源教室应根据残疾学生的特殊需要制定专门工作计划并开展工作。

（四）指导评估。区域内特殊教育指导中心或特教学校应加强对资源教室的业务指导和评估，定期委派专人为资源教师提供培训和业务支持，并对区域内资源教室的运行及成效进行考核评价，并将结果上报主管教育行政部门。

附表：普通学校特殊教育资源教室配备参考目录（略）

关于加强特殊教育教师队伍建设的意见

教师〔2012〕12号

各省、自治区、直辖市教育厅（教委）、编办、发展改革委、财政厅（局）、人力资源和社会保障厅（局），新疆生产建设兵团教育局、编办、发展改革委、财务局、人事局、劳动和社会保障局：

　　特殊教育教师肩负着促进残疾人全面发展，促进社会公平正义的重要责任。为落实《国家中长期教育改革和发展规划纲要（2010-2020年）》和《国务院关于加强教师队伍建设的意见》（国发〔2012〕41号），坚持"特教特办"，大力加强特殊教育教师队伍建设，现提出以下意见：

　　一、统筹规划特殊教育教师队伍建设。各地要根据特殊教育事业发展的实际需要，按照"分类规划、优先建设、突出重点、分步推进"原则，科学确定特殊教育教师队伍建设的目标。到2015年，基本形成布局合理、专业水平较高的特殊教育教师培养培训体系，特殊教育教师职业吸引力进一步增强，教师数量基本满足办学需要。到2020年，形成一支数量充足、结构合理、素质优良、富有爱心的特殊教育教师队伍。

　　二、加大特殊教育教师培养力度。制订特殊教育学校教师专业标准，提高特殊教育教师的专业化水平。支持一批特教师范院校建设，提高特教师资培养培训能力，能够立足省内、辐射区域或面向全国服务。加强特殊教育专业建设，拓宽专业领域，扩大培养规模，满足特殊教育事业发展需要。改革培养模式，积极支持高等师范院校与医学院校合作，促进学科交叉，培养具有复合型知识技能的特殊教育教师、康复类专业技术人才。支持师范院校和其他高等学校在师范类专业中普遍开设特殊教育课程，培养师范生具有指导残疾学生随班就读的教育教学能力。

三、开展特殊教育教师全员培训。对特殊教育教师实行5年一周期不少于360学时的全员培训。依托"国培计划"，采取集中培训和远程培训相结合的方式，加大对全国特殊教育学校的教师的培训力度；各地要同步开展特殊教育学校教师和承担随班就读任务教师的全员培训。推进信息技术与特殊教育教师培训深度融合，为特殊教育教师专门建立网络研修社区，开展特殊教育教师教育技术能力专项培训，促进特殊教育教师专业发展常态化。教师培训机构要建立专兼结合的特殊教育教师培训队伍，加强特殊教育教师教研、科研队伍建设，提高培训的专业性、针对性和实效性。

四、健全特殊教育教师管理制度。各省级有关部门要落实特殊教育学校开展正常教学和管理工作所需编制，根据特殊教育学校学生少、班额小、寄宿生多等特点，可结合地方实际制定特殊教育学校教职工编制标准。完善特殊教育教师准入制度，从事特殊教育应取得相应层次教师资格，非特殊教育专业毕业的还应参加教育行政部门组织的专业培训。将特殊教育相关内容纳入教师资格考试。探索建立特殊教育教师专业证书制度。研究设定随班就读教师、康复类专业人员的岗位条件。制订符合特殊教育教师工作特点的考核评价标准和办法。教师职务

（职称）评聘向特殊教育教师倾斜。

五、落实特殊教育教师待遇。各地要切实采取措施，按照国家规定落实特殊教育津贴，确保国家规定的特殊教育教师工资待遇政策落到实处。要将承担随班就读教学与管理人员的工作计入工作量。根据事业单位改革的总体部署，确保特殊教育教师按规定享有医疗养老等社会保障待遇。按规定为特殊教育教师缴纳住房公积金。鼓励地方政府将符合条件的特殊教育教师住房纳入当地住房保障范围统筹予以解决。关注特殊教育教师心理健康，定期开展心理健康咨询。

六、营造关心和支持特殊教育教师队伍建设的浓厚氛围。加大优秀特殊教育教师的宣传力度，在全社会大力弘扬特殊教育教师的人道主义精神和奉献精神。对长期坚守在特殊教育岗位、作出突出贡献的教师按照国家有关规定给予奖励。

教育部　中央编办　国家发展改革委
财政部　人力资源社会保障部
2012 年 9 月 20 日

残疾人教育条例

中华人民共和国国务院令

第 674 号

《残疾人教育条例》已经 2017 年 1 月 11 日国务院第 161 次常务会议修订通过,现将修订后的《残疾人教育条例》公布,自 2017 年 5 月 1 日起施行。

总理　李克强

2017 年 2 月 1 日

（1994 年 8 月 23 日中华人民共和国国务院令第 161 号发布；根据 2011 年 1 月 8 日《国务院关于废止和修改部分行政法规的决定》第一次修订；根据 2017 年 2 月 1 日中华人民共和国国务院令第 674 号第二次修订）

第一章　总　则

第一条　为了保障残疾人受教育的权利，发展残疾人教育事业，根据《中华人民共和国教育法》和《中华人民共和国残疾人保障法》，制定本条例。

第二条　国家保障残疾人享有平等接受教育的权利，禁止任何基于残疾的教育歧视。

残疾人教育应当贯彻国家的教育方针，并根据残疾人的身心特性和需要，全面提高其素质，为残疾人平等地参与社会生活创造条件。

第三条　残疾人教育是国家教育事业的组成部分。

发展残疾人教育事业，实行普及与提高相结合、以普及为重点的方针，保障义务教育，着重发展职业教育，积极开展学前教育，逐步发展高级中等以上教育。

残疾人教育应当提高教育质量，积极推进融合教育，根据残疾人的残疾类别和接受能力，采取普通教育方式或者特殊教育方式，优先采取普通教育方式。

第四条　县级以上人民政府应当加强对残疾人教育事业的领导，将残疾人教育纳入教育事业发展规划，统筹安排实施，合理配置资源，保障残疾人教育经费投入，改善办学条件。

第五条　国务院教育行政部门主管全国的残疾人教育工作，统筹规划、协调管理全国的残疾人教育事业；国务院其他有关部门在国务院规定的职责范围内负责有关的残疾人教育工作。

县级以上地方人民政府教育行政部门主管本行政区域内的

残疾人教育工作；县级以上地方人民政府其他有关部门在各自的职责范围内负责有关的残疾人教育工作。

第六条 中国残疾人联合会及其地方组织应当积极促进和开展残疾人教育工作，协助相关部门实施残疾人教育，为残疾人接受教育提供支持和帮助。

第七条 学前教育机构、各级各类学校及其他教育机构应当依照本条例以及国家有关法律、法规的规定，实施残疾人教育；对符合法律、法规规定条件的残疾人申请入学，不得拒绝招收。

第八条 残疾人家庭应当帮助残疾人接受教育。

残疾儿童、少年的父母或者其他监护人应当尊重和保障残疾儿童、少年接受教育的权利，积极开展家庭教育，使残疾儿童、少年及时接受康复训练和教育，并协助、参与有关教育机构的教育教学活动，为残疾儿童、少年接受教育提供支持。

第九条 社会各界应当关心和支持残疾人教育事业。残疾人所在社区、相关社会组织和企事业单位，应当支持和帮助残疾人平等接受教育、融入社会。

第十条 国家对为残疾人教育事业作出突出贡献的组织和个人，按照有关规定给予表彰、奖励。

第十一条 县级以上人民政府负责教育督导的机构应当将残疾人教育实施情况纳入督导范围，并可以就执行残疾人教育法律法规情况、残疾人教育教学质量以及经费管理和使用情况等实施专项督导。

第二章　义务教育

第十二条 各级人民政府应当依法履行职责，保障适龄残疾儿童、少年接受义务教育的权利。

县级以上人民政府对实施义务教育的工作进行监督、指导、检查，应当包括对残疾儿童、少年实施义务教育工作的监督、指导、检查。

第十三条　适龄残疾儿童、少年的父母或者其他监护人，应当依法保证其残疾子女或者被监护人入学接受并完成义务教育。

第十四条　残疾儿童、少年接受义务教育的入学年龄和年限，应当与当地儿童、少年接受义务教育的入学年龄和年限相同；必要时，其入学年龄和在校年龄可以适当提高。

第十五条　县级人民政府教育行政部门应当会同卫生行政部门、民政部门、残疾人联合会，根据新生儿疾病筛查和学龄前儿童残疾筛查、残疾人统计等信息，对义务教育适龄残疾儿童、少年进行入学前登记，全面掌握本行政区域内义务教育适龄残疾儿童、少年的数量和残疾情况。

第十六条　县级人民政府应当根据本行政区域内残疾儿童、少年的数量、类别和分布情况，统筹规划，优先在部分普通学校中建立特殊教育资源教室，配备必要的设备和专门从事残疾人教育的教师及专业人员，指定其招收残疾儿童、少年接受义务教育；并支持其他普通学校根据需要建立特殊教育资源教室，或者安排具备相应资源、条件的学校为招收残疾学生的其他普通学校提供必要的支持。

县级人民政府应当为实施义务教育的特殊教育学校配备必要的残疾人教育教学、康复评估和康复训练等仪器设备，并加强九年一贯制义务教育特殊教育学校建设。

第十七条 适龄残疾儿童、少年能够适应普通学校学习生活、接受普通教育的,依照《中华人民共和国义务教育法》的规定就近到普通学校入学接受义务教育。

适龄残疾儿童、少年能够接受普通教育,但是学习生活需要特别支持的,根据身体状况就近到县级人民政府教育行政部门在一定区域内指定的具备相应资源、条件的普通学校入学接受义务教育。

适龄残疾儿童、少年不能接受普通教育的,由县级人民政府教育行政部门统筹安排进入特殊教育学校接受义务教育。

适龄残疾儿童、少年需要专人护理,不能到学校就读的,由县级人民政府教育行政部门统筹安排,通过提供送教上门或者远程教育等方式实施义务教育,并纳入学籍管理。

第十八条 在特殊教育学校学习的残疾儿童、少年,经教育、康复训练,能够接受普通教育的,学校可以建议残疾儿童、少年的父母或者其他监护人将其转入或者升入普通学校接受义务教育。

在普通学校学习的残疾儿童、少年,难以适应普通学校学习生活的,学校可以建议残疾儿童、少年的父母或者其他监护人将其转入指定的普通学校或者特殊教育学校接受义务教育。

第十九条 适龄残疾儿童、少年接受教育的能力和适应学校学习生活的能力应当根据其残疾类别、残疾程度、补偿程度以及学校办学条件等因素判断。

第二十条 县级人民政府教育行政部门应当会同卫生行政部门、民政部门、残疾人联合会,建立由教育、心理、康复、社会工作等方面专家组成的残疾人教育专家委员会。

残疾人教育专家委员会可以接受教育行政部门的委托，对适龄残疾儿童、少年的身体状况、接受教育的能力和适应学校学习生活的能力进行评估，提出入学、转学建议；对残疾人义务教育问题提供咨询，提出建议。

依照前款规定作出的评估结果属于残疾儿童、少年的隐私，仅可被用于对残疾儿童、少年实施教育、康复。教育行政部门、残疾人教育专家委员会、学校及其工作人员对在工作中了解的残疾儿童、少年评估结果及其他个人信息负有保密义务。

第二十一条 残疾儿童、少年的父母或者其他监护人与学校就入学、转学安排发生争议的，可以申请县级人民政府教育行政部门处理。

接到申请的县级人民政府教育行政部门应当委托残疾人教育专家委员会对残疾儿童、少年的身体状况、接受教育的能力和适应学校学习生活的能力进行评估并提出入学、转学建议，并根据残疾人教育专家委员会的评估结果和提出的入学、转学建议，综合考虑学校的办学条件和残疾儿童、少年及其父母或者其他监护人的意愿，对残疾儿童、少年的入学、转学安排作出决定。

第二十二条 招收残疾学生的普通学校应当将残疾学生合理编入班级；残疾学生较多的，可以设置专门的特殊教育班级。

招收残疾学生的普通学校应当安排专门从事残疾人教育的教师或者经验丰富的教师承担随班就读或者特殊教育班级的教育教学工作，并适当缩减班级学生数额，为残疾学生入学后的学习、生活提供便利和条件，保障残疾学生平等参与教育教学和学校组织的各项活动。

第二十三条 在普通学校随班就读残疾学生的义务教育,可以适用普通义务教育的课程设置方案、课程标准和教材,但是对其学习要求可以有适度弹性。

第二十四条 残疾儿童、少年特殊教育学校(班)应当坚持思想教育、文化教育、劳动技能教育与身心补偿相结合,并根据学生残疾状况和补偿程度,实施分类教学;必要时,应当听取残疾学生父母或者其他监护人的意见,制定符合残疾学生身心特性和需要的个别化教育计划,实施个别教学。

第二十五条 残疾儿童、少年特殊教育学校(班)的课程设置方案、课程标准和教材,应当适合残疾儿童、少年的身心特性和需要。

残疾儿童、少年特殊教育学校(班)的课程设置方案、课程标准由国务院教育行政部门制订;教材由省级以上人民政府教育行政部门按照国家有关规定审定。

第二十六条 县级人民政府教育行政部门应当加强对本行政区域内的残疾儿童、少年实施义务教育工作的指导。

县级以上地方人民政府教育行政部门应当统筹安排支持特殊教育学校建立特殊教育资源中心,在一定区域内提供特殊教育指导和支持服务。特殊教育资源中心可以受教育行政部门的委托承担以下工作:

(一)指导、评价区域内的随班就读工作;

(二)为区域内承担随班就读教育教学任务的教师提供培训;

(三)派出教师和相关专业服务人员支持随班就读,为接受送教上门和远程教育的残疾儿童、少年提供辅导和支持;

（四）为残疾学生父母或者其他监护人提供咨询；

（五）其他特殊教育相关工作。

第三章　职业教育

第二十七条　残疾人职业教育应当大力发展中等职业教育，加快发展高等职业教育，积极开展以实用技术为主的中期、短期培训，以提高就业能力为主，培养技术技能人才，并加强对残疾学生的就业指导。

第二十八条　残疾人职业教育由普通职业教育机构和特殊职业教育机构实施，以普通职业教育机构为主。

县级以上地方人民政府应当根据需要，合理设置特殊职业教育机构，改善办学条件，扩大残疾人中等职业学校招生规模。

第二十九条　普通职业学校不得拒绝招收符合国家规定的录取标准的残疾人入学，普通职业培训机构应当积极招收残疾人入学。

县级以上地方人民政府应当采取措施，鼓励和支持普通职业教育机构积极招收残疾学生。

第三十条　实施残疾人职业教育的学校和培训机构，应当根据社会需要和残疾人的身心特性合理设置专业，并与企业合作设立实习实训基地，或者根据教学需要和条件办好实习基地。

第四章　学前教育

第三十一条　各级人民政府应当积极采取措施，逐步提高残疾幼儿接受学前教育的比例。

县级人民政府及其教育行政部门、民政部门等有关部门应当支持普通幼儿园创造条件招收残疾幼儿；支持特殊教育学校和具备办学条件的残疾儿童福利机构、残疾儿童康复机构等实施学前教育。

第三十二条　残疾幼儿的教育应当与保育、康复结合实施。

招收残疾幼儿的学前教育机构应当根据自身条件配备必要的康复设施、设备和专业康复人员，或者与其他具有康复设施、设备和专业康复人员的特殊教育机构、康复机构合作对残疾幼儿实施康复训练。

第三十三条　卫生保健机构、残疾幼儿的学前教育机构、儿童福利机构和家庭，应当注重对残疾幼儿的早期发现、早期康复和早期教育。

卫生保健机构、残疾幼儿的学前教育机构、残疾儿童康复机构应当就残疾幼儿的早期发现、早期康复和早期教育为残疾幼儿家庭提供咨询、指导。

第五章　普通高级中等以上教育及继续教育

第三十四条　普通高级中等学校、高等学校、继续教育机构应当招收符合国家规定的录取标准的残疾考生入学，不得因其残疾而拒绝招收。

第三十五条　设区的市级以上地方人民政府可以根据实际情况举办实施高级中等以上教育的特殊教育学校，支持高等学校设置特殊教育学院或者相关专业，提高残疾人的受教育水平。

第三十六条　县级以上人民政府教育行政部门以及其他有关部门、学校应当充分利用现代信息技术，以远程教育等方式为残疾人接受成人高等教育、高等教育自学考试等提供便利和帮助，根据实际情况开设适合残疾人学习的专业、课程，采取灵活开放的教学和管理模式，支持残疾人顺利完成学业。

第三十七条　残疾人所在单位应当对本单位的残疾人开展文化知识教育和技术培训。

第三十八条　扫除文盲教育应当包括对年满15周岁以上的未丧失学习能力的文盲、半文盲残疾人实施的扫盲教育。

第三十九条　国家、社会鼓励和帮助残疾人自学成才。

第六章　教　师

第四十条　县级以上人民政府应当重视从事残疾人教育的教师培养、培训工作，并采取措施逐步提高他们的地位和待遇，改善他们的工作环境和条件，鼓励教师终身从事残疾人教育事业。

县级以上人民政府可以采取免费教育、学费减免、助学贷款代偿等措施，鼓励具备条件的高等学校毕业生到特殊教育学校或者其他特殊教育机构任教。

第四十一条　从事残疾人教育的教师，应当热爱残疾人教育事业，具有社会主义的人道主义精神，尊重和关爱残疾学生，并掌握残疾人教育的专业知识和技能。

第四十二条　专门从事残疾人教育工作的教师（以下称特

殊教育教师）应当符合下列条件：

（一）依照《中华人民共和国教师法》的规定取得教师资格；

（二）特殊教育专业毕业或者经省、自治区、直辖市人民政府教育行政部门组织的特殊教育专业培训并考核合格。

从事听力残疾人教育的特殊教育教师应当达到国家规定的手语等级标准，从事视力残疾人教育的特殊教育教师应当达到国家规定的盲文等级标准。

第四十三条 省、自治区、直辖市人民政府可以根据残疾人教育发展的需求，结合当地实际为特殊教育学校和指定招收残疾学生的普通学校制定教职工编制标准。

县级以上地方人民政府教育行政部门应当会同其他有关部门，在核定的编制总额内，为特殊教育学校配备承担教学、康复等工作的特殊教育教师和相关专业人员；在指定招收残疾学生的普通学校设置特殊教育教师等专职岗位。

第四十四条 国务院教育行政部门和省、自治区、直辖市人民政府应当根据残疾人教育发展的需要有计划地举办特殊教育师范院校，支持普通师范院校和综合性院校设置相关院系或者专业，培养特殊教育教师。

普通师范院校和综合性院校的师范专业应当设置特殊教育课程，使学生掌握必要的特殊教育的基本知识和技能，以适应对随班就读的残疾学生的教育教学需要。

第四十五条 县级以上地方人民政府教育行政部门应当将特殊教育教师的培训纳入教师培训计划，以多种形式组织在职特殊教育教师进修提高专业水平；在普通教师培训中增加一定比例的特殊教育内容和相关知识，提高普通教师的特殊教育能力。

第四十六条 特殊教育教师和其他从事特殊教育的相关专业人员根据国家有关规定享受特殊岗位补助津贴及其他待遇；普通学校的教师承担残疾学生随班就读教学、管理工作的，应当将其承担的残疾学生教学、管理工作纳入其绩效考核内容，并作为核定工资待遇和职务评聘的重要依据。

县级以上人民政府教育行政部门、人力资源社会保障部门在职务评聘、培训进修、表彰奖励等方面，应当为特殊教育教师制定优惠政策、提供专门机会。

第七章 条件保障

第四十七条 省、自治区、直辖市人民政府应当根据残疾人教育的特殊情况，依据国务院有关行政主管部门的指导性标准，制定本行政区域内特殊教育学校的建设标准、经费开支标准、教学仪器设备配备标准等。

义务教育阶段普通学校招收残疾学生，县级人民政府财政部门及教育行政部门应当按照特殊教育学校生均预算内公用经费标准足额拨付费用。

第四十八条 各级人民政府应当按照有关规定安排残疾人教育经费，并将所需经费纳入本级政府预算。

县级以上人民政府根据需要可以设立专项补助款，用于发展残疾人教育。

地方各级人民政府用于义务教育的财政拨款和征收的教育

费附加，应当有一定比例用于发展残疾儿童、少年义务教育。

地方各级人民政府可以按照有关规定将依法征收的残疾人就业保障金用于特殊教育学校开展各种残疾人职业教育。

第四十九条 县级以上地方人民政府应当根据残疾人教育发展的需要统筹规划、合理布局，设置特殊教育学校，并按照国家有关规定配备必要的残疾人教育教学、康复评估和康复训练等仪器设备。

特殊教育学校的设置，由教育行政部门按照国家有关规定审批。

第五十条 新建、改建、扩建各级各类学校应当符合《无障碍环境建设条例》的要求。

县级以上地方人民政府及其教育行政部门应当逐步推进各级各类学校无障碍校园环境建设。

第五十一条 招收残疾学生的学校对经济困难的残疾学生，应当按照国家有关规定减免学费和其他费用，并按照国家资助政策优先给予补助。

国家鼓励有条件的地方优先为经济困难的残疾学生提供免费的学前教育和高中教育，逐步实施残疾学生高中阶段免费教育。

第五十二条 残疾人参加国家教育考试，需要提供必要支持条件和合理便利的，可以提出申请。教育考试机构、学校应当按照国家有关规定予以提供。

第五十三条 国家鼓励社会力量举办特殊教育机构或者捐资助学；鼓励和支持民办学校或者其他教育机构招收残疾学生。

县级以上地方人民政府及其有关部门对民办特殊教育机构、

招收残疾学生的民办学校，应当按照国家有关规定予以支持。

第五十四条　国家鼓励开展残疾人教育的科学研究，组织和扶持盲文、手语的研究和应用，支持特殊教育教材的编写和出版。

第五十五条　县级以上人民政府及其有关部门应当采取优惠政策和措施，支持研究、生产残疾人教育教学专用仪器设备、教具、学具、软件及其他辅助用品，扶持特殊教育机构兴办和发展福利企业和辅助性就业机构。

第八章　法律责任

第五十六条　地方各级人民政府及其有关部门违反本条例规定，未履行残疾人教育相关职责的，由上一级人民政府或者其有关部门责令限期改正；情节严重的，予以通报批评，并对直接负责的主管人员和其他直接责任人员依法给予处分。

第五十七条　学前教育机构、学校、其他教育机构及其工作人员违反本条例规定，有下列情形之一的，由其主管行政部门责令改正，对直接负责的主管人员和其他直接责任人员依法给予处分；构成违反治安管理行为的，由公安机关依法给予治安管理处罚；构成犯罪的，依法追究刑事责任：

（一）拒绝招收符合法律、法规规定条件的残疾学生入学的；

（二）歧视、侮辱、体罚残疾学生，或者放任对残疾学生的歧视言行，对残疾学生造成身心伤害的；

（三）未按照国家有关规定对经济困难的残疾学生减免学费或者其他费用的。

第九章 附 则

第五十八条 本条例下列用语的含义：

融合教育是指将对残疾学生的教育最大程度地融入普通教育。

特殊教育资源教室是指在普通学校设置的装备有特殊教育和康复训练设施设备的专用教室。

第五十九条 本条例自 2017 年 5 月 1 日起施行。

附 录

关于开展残疾儿童少年随班就读工作的试行办法

教基〔1994〕6号

(1994年7月21日国家教育委员会发布)

一、总则

1. 深入贯彻执行《中华人民共和国义务教育法》和《中华人民共和国残疾人保障法》,开展残疾儿童少年随班就读工作,是发展和普及我国残疾儿童少年义务教育的一个主要办学形式,是建立适合我国国情的残疾儿童少年义务教育新格局的需要。实践证明,这是对残疾儿童少年进行义务教育的行之有效的途径。

2. 残疾儿童少年随班就读有利于残疾儿童少年就近入学,有利于提高残疾儿童少年的入学率,有利于残疾儿童与普通儿童互相理解、互相帮助,促进特殊教育和普通教育有机结合,共同提高。

3. 各级教育行政部门必须高度重视和积极开展残疾儿童少年随班就读工作,并使其逐步完善。

二、对象

4. 残疾儿童少年随班就读的对象，主要是指视力（包括盲和低视力）、听力语言（包括聋和重听）、智力（轻度，有条件的学校可以包括中度）等类别的残疾儿童少年。

5. 招收残疾儿童少年随班就读，一般应当对其残疾类别和程度进行检测和鉴定。

视力、听力语言残疾儿童少年应由医疗部门、残疾儿童康复部门或当地盲、聋学校的专业技术人员进行检测鉴定。

对智力残疾（特别是轻度）儿童少年的确认一定要慎重。一般先由家长或学生所在班级的教师提出名单，由乡镇组织有医疗、教育部门人员参加的筛查小组，在家长和班级教师的参与下进行严格的筛查（其主要内容是了解被查儿童的病史、家族史及日常行为表现，并进行医学检查，智商测定和教育、行为测定，然后进行综合分析）。名单确定后，由县鉴定小组鉴定。城市可由区组织鉴定小组进行筛查和鉴定。鉴定小组应当由医疗、教育、心理等专业人员组成。有关人员应经过专业培训。使用量表人员要有资格认定。对被确认为智力残疾的儿童少年，要定期复查，如发现有误，必须立即纠正。

在暂不具备筛查鉴定条件的农村地区，对被怀疑智力有问题的儿童少年（指轻度），可以作为有特殊需要的儿童少年，接收其在普通班就读，暂不作定性结论。

6. 智力残疾儿童少年的鉴定结论，仅作为对其采取特殊教育方式的依据，不得移作他用。其姓名和档案材料应该严格保密，仅由有关管理人员、科研人员和任课教师掌握，不得在学生中扩散。

三、入学

7. 残疾儿童少年随班就读，应当就近入学。在城市和交通便利的地区，也可以相对集中在指定学校就读。

8. 残疾儿童随班就读的入学年龄与普通儿童相同。特殊情况可以适当放宽。

9. 在普通学校随班就读的残疾儿童少年每班以 1-2 人为宜，最多不超过 3 人。

10. 县级教育行政部门应当把接收残疾儿童少年随班就读纳入普及九年义务教育发展规划，并把任务落实到乡镇和学校，切实保证残疾儿童少年按时入学。

11. 普通学校应当依法接收本校服务范围内能够在校学习的残疾儿童少年随班就读，不得拒绝。

四、教学要求

12. 学校应当安排残疾学生与普通学生一起学习、活动，补偿生理和心理缺陷，使其受到适于自身发展所需要的教育和训练，在德、智、体诸方面得到全面发展。

13. 学校应当对残疾学生加强思想品德教育，培养其良好的行为习惯，使其逐步树立自尊、自爱、自强、自立精神。同时要加强对普通学生的思想教育，以逐步形成普通学生与残疾学生互相关心、互相帮助的良好校风和班风。

14. 随班就读残疾学生使用的教材一般与普通学生相同（全盲学生使用盲文教材），轻度智力残疾学生也可以使用弱智学校教材。学校可以根据学生的实际情况，对其教学内容作适当调整。

对视力、听力语言残疾学生的教学要求一般与普通学生相同，特殊情况允许有适度的弹性。对轻度智力残疾学生的教学要求可以参考弱智学校的教学计划、大纲和教材作出安排。对中度智力残疾学生的教学和训练也应作出适当安排。

15. 对随班就读的残疾学生应当贯彻因材施教的原则，制订和实施个别教学计划。应当采取多种形式和方法，激发残疾学生的学习兴趣，挖掘其学习潜力。各科教学应当结合本学科的特点，在教授文化科学知识的同时，注重对残疾学生适应社会生活能力的培养和心理、生理缺陷的矫正、补偿。

16. 教师在随班就读班级的课堂教学中，要处理好普通学生与残疾学生的关系，应当以集体教学为主，并要对残疾学生加强个别辅导。

17. 对残疾学生的考核评估，应当包括思想品德、文化知识、缺陷矫正和补偿以及社会适应能力等方面。此项工作应该有利于残疾学生自信心的培养和提高，不要简单套用对普通学生的考试方法。

18. 随班就读班级教师应当指导残疾学生正确使用助视器、助听器等辅助用具，并教育全体学生爱护这些用具。

19. 有条件的乡镇中心小学或随班就读残疾学生人数较多的学校要逐步设立辅导室，配备必要的教具、学具、康复训练设备和图书资料。

辅导室应配备专职或兼职辅导教师。辅导教师应当受过特殊教育专业培训，其主要工作是帮助残疾学生补习文化知识，指导学生正确选配和使用助视器、助听器等辅助用具，对其进行康复训练，培养社会适应能力等；帮助随班就读班级教师制订个别教学计划和评估残疾学生的进步情况；宣传、普及特殊教育知识、方法及提供咨询等。

五、师资培训

20. 随班就读班级的任课教师，应当遴选热爱残疾学生，思想好、业务水平较高的教师担任。他们应当具备特殊教育基础知识和基本技能，了解随班就读班级教育教学的基本原则和方法。

21. 地方各级教育行政部门应当把视力、听力语言和智力残疾儿童少年随班就读的师资培训工作列入计划，设立培训基地，采取多种形式，对教师进行岗前和在职培训。

普通中等师范学校要分期分批开设特殊教育课程，以保证从事随班就读教学新师资的来源。

22. 省、市（地）级教育行政部门应当组织有关专家，为县、乡两级培训残疾儿童少年的检测人员。

23. 对随班就读班级教师工作的考核评估，应当包括普通教育和特殊教育两个方面，并应充分肯定他们为残疾学生付出的劳动。

24. 地方各级教育行政部门和学校应当根据实际情况，制订奖励和补贴的办法，鼓励教师积极从事随班就读班级的教育教学工作。对表现突出的教师，应当给予表彰。

六、家长工作

25. 学校和班级教师应当与残疾学生家长建立经常的联系，随时交流学生情况，以取得家长的配合和帮助。

26. 学校要采取多种形式，加强对残疾学生家长的培训，使他们了解其子女的心理、生理特点，基本的教育训练方法和辅助用具的选配、使用、保养常识，对其子女做好家庭教育训练工作。

七、教育管理

27. 地方各级教育行政部门应当在调查摸底的基础上，制订规划和有关规定，建立残疾儿童少年随班就读工作的目标责任制。要加强对残疾儿童少年随班就读工作的领导和管理，对工作中出现的问题，应及时研究，认真解决。

28. 各级教育行政部门应逐步增加对残疾儿童少年随班就读的经费投入，并在教师编制、教师工作量计算、教具、学具和图书资料等方面照顾随班就读工作的需要。

地方教育行政部门和学校应当为残疾学生在校学习提供便利条件，帮助残疾学生购置或配备特殊需要的教材、学具和辅助用具等。

29. 省、市（地）及有条件的县级教育行政部门要充分发挥教研、科研部门的作用，配备专职或兼职特教教研、科研人员，组成由教育行政管理人员、教研人员、科研人员、特殊教育学校和普通学校教师参加的研究队伍，积极开展残疾儿童少年随班就读的教育教学研究工作，不断提高教育教学质量。

应当充分发挥特殊教育学校在教学研究、师资培训和提供资料、咨询及残疾儿童少年测查等方面的作用，做好残疾儿童少年随班就读的教育教学指导工作。

30. 县级教育行政部门应当委派指导教师，对残疾儿童少年随班就读工作进行巡回指导。应当注意发挥乡镇中心学校在当地开展残疾儿童少年随班就读工作中的积极作用，组织各校随班就读班级教师进行经验交流，开展教学研究等活动。

31. 学校应当建立残疾学生档案，主要包括个人和家庭情况、残疾鉴定、个别教学计划、学业、考核评估等资料。

32. 学校如无特殊原因，不得随意让随班就读残疾学生停学、停课或停止参加学校和班级的各项活动。

33. 智力残疾学生通过随班就读，其学习能力、社会适应能力有明显改善，能跟上普通学生学习进度的，应当不再视为随班就读对象。

34. 残疾学生一般不留级。智力残疾学生可视其具体情况，在小学阶段适当延长其学习年限。学习期满，发给毕业证书或完成义务教育证书。

35. 对小学毕业的残疾学生，可根据本地和学生的实际情况，安排其进入初级中等学校随班就读，或进入特殊教育学校学习。

36. 各级教育行政部门在开展残疾儿童少年随班就读的工作中，要加强与当地卫生、民政、残联等有关部门的协调，并争取社会的支持和帮助。

残疾人参加普通高等学校招生全国统一考试管理规定（暂行）

教育部　中国残疾人联合会关于印发
《残疾人参加普通高等学校招生全国统一
考试管理规定（暂行）》的通知
教考试〔2015〕2号

各省、自治区、直辖市高等学校招生委员会、教育厅（教委）、残联，新疆生产建设兵团残联，黑龙江垦区残联：

为维护残疾人的合法权益，保障残疾人平等参加普通高等学校招生全国统一考试，现将《残疾人参加普通高等学校招生全国统一考试管理规定（暂行）》印发给你们，请遵照执行。

中华人民共和国教育部
中国残疾人联合会
2015年4月21日

第一条　为维护残疾人的合法权益，保障残疾人平等参加普通高等学校招生全国统一考试（以下简称"高考"），根据《中华人民共和国教育法》、《中华人民共和国残疾人保障法》、《残疾人教育条例》和《无障碍环境建设条例》以及国家相关规定，制定本规定。

第二条　各级招生考试机构应遵循高考基本原则，为残疾人参加高考提供平等机会和合理便利。

教育部考试中心负责牵头协调有关部门，研究、提升和完善合理便利的种类及技术水平；省级教育考试机构负责本辖区残疾人参加高考的组织管理和实施工作。

第三条　符合高考报名条件、通过报名资格审查，需要教育考试机构提供合理便利予以支持、帮助的残疾人（以下简称残疾考生）参加高考，适用本规定。

第四条　有关残疾考生参加高考的考务管理工作，除依本规定提供合理便利外，其他应按照教育部《普通高等学校招生全国统一考试考务工作规定》和省级招生考试机构制定的考务工作实施细则的规定执行。

第五条　招生考试机构应在保证考试安全和考场秩序的前提下，根据残疾考生的残疾情况和需要以及各地实际，提供以下一种或几种必要条件和合理便利：

（一）提供现行盲文试卷。

（二）提供大字号试卷。

（三）免除外语听力考试。

（四）优先进入考点、考场。

（五）设立环境整洁安静、采光适宜、便于出入的单独标准化考场，配设单独的外语听力播放设备。

（六）考点、考场配备专门的工作人员（如引导辅助人员、手语翻译人员等）予以协助。

（七）考点、考场设置文字指示标识、交流板等。

（八）考点提供能够完成考试所需、数量充足的盲文纸和普通白纸。

（九）允许视力残疾考生携带答题所需的盲文笔、盲文手写板、盲文作图工具、橡胶垫、无存储功能的盲文打字机、台灯、光学放大镜、盲杖等辅助器具或设备。

（十）允许听力残疾考生携带助听器、人工耳蜗等助听辅听设备。

（十一）允许行动不便的残疾考生使用轮椅、拐杖，有特殊需要的残疾考生可以自带特殊桌椅参加考试。

（十二）适当延长考试时间：使用盲文试卷的视力残疾考生的考试时间，在该科目规定考试总时长的基础上延长50%；使用大字号试卷、因脑瘫或其他疾病引起的上肢无法正常书写或无上肢考生等书写特别困难考生的考试时间，在该科目规定考试总时长的基础上延长30%；外语科目延长的考试时间中包含听力考试每道试题播放间隔适当延长的时间。

（十三）其他必要且能够提供的合理便利。

第六条 省级招生考试机构应将残疾人报考办法、途径、针对残疾考生的合理便利措施等纳入当年普通高等学校招生考试报名办法，并提前向社会公布。

第七条 申请合理便利的一般程序应包括：

（一）报名参加高考并申请提供合理便利的残疾考生，应按省级招生考试机构规定的时间、地点、方式提出正式书面申请。申请内容应包括本人基本信息、残疾情况、所申请的合理便利以及需自带物品等，并提供本人的第二代及以上《中华人民共和国残疾人证》以及省级招生考试机构规定的有效身份证件的复印件（扫描件）。

（二）招生考试机构负责受理并审核在本地参加考试的残疾考生提出的正式申请，并组织由有关招生考试机构、残联、卫生等相关部门专业人员组成的专家组，对残疾考生身份及残疾情况进行现场确认，结合残疾考生的残疾程度、提出的合理便利申请以及考试组织条件等因素进行综合评估，并形成书面评估报告。

（三）省级招生考试机构根据专家组评估意见，形成《普通高等学校招生全国统一考试残疾考生申请结果告知书》（以下简称"《告知书》"），在规定的时限内将《告知书》送达残疾考生，由残疾考生或法定监护人确认、签收。《告知书》内容应包含残疾考生申请基本情况、考试机构决定的详细内容以及决定的理由与依据、救济途径等。

第八条 残疾考生对《告知书》内容有异议，可按《告知书》规定的受理时限，向省级教育行政部门提出书面复核申请。

省级教育行政部门的复核意见应按相关程序及时送达残疾考生。

第九条 听力残疾考生，经申请批准后可免除外语听力考试。免除外语听力考试残疾考生的外语科成绩，按"笔试成绩×外语科总分值/笔试部分总分值"计算。

外语听力免考的残疾考生，听力考试部分作答无效。其他考生进行外语听力考试期间，外语听力免考的残疾考生可以翻看试卷，但不得答题。听力考试结束后，方可答题。

第十条 涉及制作盲文试卷、大字号试卷等特殊制卷的，原则上由负责制卷的招生考试机构联合当地残联，提前协调特殊教育学校（院）、盲文出版社等机构，选聘遵纪守法，熟悉业务，工作认真负责，身体健康，且无直系亲属或利害关系人参加当年高考的盲文专业技术人员参加入闱制卷工作。

招生考试机构应当指定专职的盲文专业技术人员分别负责试卷的翻译、校对和制卷工作。盲文试卷制作过程应始终实行双岗或多岗监督。盲文试卷、大字号试卷的包装应有明显区别于其他试卷的标识。

第十一条　省级招生考试机构应当将已确定为其提供合理便利的残疾考生情况提前通知有关考点。考点及其所在地招生考试机构应提前做好相应的准备和专项技能培训工作，并按照省级招生考试机构确定的合理便利组织实施考试，考试过程应全程录音、录像并建档备查。

第十二条　所有获得合理便利服务的残疾考生每科目考试开始时间与最早交卷离场时间按省级招生考试机构的规定执行。

第十三条　省级招生考试机构应组织专门的学科评卷小组，对无法扫描成电子格式实施网上评卷的残疾考生答卷进行单独评阅，评卷工作严格按照教育部高考评卷工作有关规定执行。

涉及盲文试卷的，省级招生考试机构应组织具有盲文翻译经验、水平较高且熟悉学科内容的专业人员（每科目不少于2人），将盲文答卷翻译成明眼文答卷，在互相校验确认翻译无误后，交由各科评卷组进行单独评阅。盲文答卷的翻译工作应在评卷场所完成，并按照高考评卷工作的有关规定进行管理。

第十四条　省级招生考试机构应在已有的突发事件应急预案基础上，制定具有适用于残疾考生特点的专项预案，并对相关考务工作人员进行必要的培训和演练。

第十五条 在组织残疾人参加考试过程中违规行为的认定与处理，按照《国家教育考试违规处理办法》（教育部令第33号）执行。

第十六条 省级招生考试机构可依据本规定，结合当地的实际制订工作实施细则。

第十七条 本规定自2015年起在高考中施行。

第十八条 残疾人参加其他国家教育考试需要提供合理便利的，可参照本规定执行。

第十九条 本规定由教育部负责解释。

幼儿园管理条例

(1989年8月20日国务院批准，1989年9月11日以中华人民共和国国家教育委员会令第4号发布)

第一章 总 则

第一条 为了加强幼儿园的管理，促进幼儿教育事业的发展，制定本条例。

第二条 本条例适用于招收三周岁以上学龄前幼儿，对其进行保育和教育的幼儿园。

第三条 幼儿园的保育和教育工作应当促进幼儿在体、智、德、美诸方面和谐发展。

第四条 地方各级人民政府应当根据本地区社会经济发展状况，制定幼儿园的发展规划。

幼儿园的设置应当与当地居民人口相适应。

乡、镇、市辖区和不设区的市的幼儿园的发展规划，应当包括幼儿园设置的布局方案。

第五条 地方各级人民政府可以依据本条例举办幼儿园,并鼓励和支持企业事业单位、社会团体、居民委员会、村民委员会和公民举办幼儿园或捐资助园。

第六条 幼儿园的管理实行地方负责,分级管理和各有关部门分工负责的原则。

国家教育委员会主管全国的幼儿园管理工作;地方各级人民政府的教育行政部门,主管本行政辖区内的幼儿园管理工作。

第二章 举办幼儿园的基本条件和审批程序

第七条 举办幼儿园必须将幼儿园设置在安全区域内。严禁在污染区和危险区内设置幼儿园。

第八条 举办幼儿园必须具有与保育、教育的要求相适应的园舍和设施。

幼儿园的园舍和设施必须符合国家的卫生标准和安全标准。

第九条 举办幼儿园应当具有符合下列条件的保育、幼儿教育、医务和其他工作人员:

(一)幼儿园园长、教师应当具有幼儿师范学校(包括职业学校幼儿教育专业)毕业程度,或者经教育行政部门考核合格。

(二)医师应当具有医学院校毕业程度,医士和护士应当具有中等卫生学校毕业程度,或者取得卫生行政部门的资格认可。

(三)保健员应当具有高中毕业程度,并受过幼儿保健培训。

(四)保育员应当具有初中毕业程度,并受过幼儿保育职业培训。

慢性传染病、精神病患者，不得在幼儿园工作。

第十条 举办幼儿园的单位或者个人必须具有进行保育、教育以及维修或扩建、改建幼儿园的园舍与设施的经费来源。

第十一条 国家实行幼儿园登记注册制度，未经登记注册，任何单位和个人不得举办幼儿园。

第十二条 城市幼儿园的举办、停办，由所在区、不设区的市的人民政府教育行政部门登记注册。

农村幼儿园的举办、停办，由所在乡、镇人民政府登记注册并报县人民政府教育行政部门备案。

第三章 幼儿园的保育和教育工作

第十三条 幼儿园应当贯彻保育与教育相结合的原则，创设与幼儿的教育和发展相适应的和谐环境，引导幼儿个性的健康发展。

幼儿园应当保障幼儿的身体健康，培养幼儿的良好生活、卫生习惯；促进幼儿智力发展；培养幼儿热爱祖国的情感以及良好的品德行为。

第十四条 幼儿园的招生、编班应当符合教育行政部门的规定。

第十五条 幼儿园应当使用全国通用的普通话。招收少数民族为主的幼儿园，可以使用本民族通用的语言。

第十六条 幼儿园应当以游戏为基本活动形式。

幼儿园可以根据本园的实际，安排和选择教育内容与方法，但不得进行违背幼儿教育规律，有损于幼儿身心健康的活动。

第十七条 严禁体罚和变相体罚幼儿。

第十八条 幼儿园应当建立卫生保健制度，防止发生食物中毒和传染病的流行。

第十九条 幼儿园应当建立安全防护制度，严禁在幼儿园内设置威胁幼儿安全的危险 建筑物和设施，严禁使用有毒、有害物质制作教具、玩具。

第二十条 幼儿园发生食物中毒、传染病 流行时，举办幼儿园的单位或者个人应当立即采取紧急救护措施，并及时报告当地教育行政部门或卫生行政部门。

第二十一条 幼儿园的园舍和设施有可能发生危险时，举办幼儿园的单位或个人应当采取措施，排除险情，防止事故发生。

第四章　幼儿园的行政事务

第二十二条 各级教育行政部门应当负责监督、评估和指导幼儿园的保育、教育工作，组织培训幼儿园的师资，审定、考核幼儿园教师的资格，并协助卫生行政部门检查和指导幼儿园的卫生保健工作，会同建设行政部门制定幼儿园园舍、设施的标准。

第二十三条 幼儿园园长负责幼儿园的工作 。

幼儿园园长由举办幼儿园的单位或个人聘任，并向幼儿园的登记注册机关备案。

幼儿园的教师、医师、保健员、保育员和其他工作人员，由幼儿园园长聘任，也可由举办幼儿园的单位或个人聘任。

第二十四条　幼儿园可以依据本省、自治区、直辖市人民政府制定的收费标准，向幼儿家长收取保育费、教育费。

幼儿园应当加强财务管理，合理使用各经费，任何单位和个人不得克扣、挪用幼儿园周围设置有危险、有污染或影响幼儿园采光的建筑和设施，不得干扰幼儿园的工作秩序。

第五章　奖励与处罚

第二十六条　凡具备下列条件之一的单位或者个人，由教育行政部门和有关部门予以奖励：

（一）改善幼儿园的办园条件成绩显著的；

（二）保育、教育工作成绩显著的；

（三）幼儿园管理工作成绩显著的。

第二十七条　违反本条例，具有下列情形之一的幼儿园，由教育行政部门视情节轻重，给予限期整顿、停止招生、停止办园的行政处罚：

（一）未经登记注册，擅自招收幼儿的；

（二）园舍、设施不符合国家卫生标准、安全标准，妨害幼儿身体健康或者威胁幼儿生命安全的；

（三）教育内容和方法违背幼儿教育规律，损害幼儿身心健康的。

第二十八条　违反本条例，具有下列情形之一的单位或者个人，由教育行政部门对直接责任人员给予警告、罚款的行政处罚，或者由教育行政部门建议有关部门对责任人员给予行政处分：

（一）体罚或变相体罚幼儿的；

（二）使用有毒、有害物质制作教具、玩具的；

（三）克扣、挪用幼儿园经费的；

（四）侵占、破坏幼儿园园舍、设备的；

（五）干扰幼儿园正常工作秩序的；

（六）在幼儿园周围设置有危险、有污染或者影响幼儿园采光的建筑和设施的。

前款所列情形，情节严重，构成犯罪的，由司法机关依法追究弄事责任。

第二十九条 当事人对行政处罚不服的，可以在接到处罚通知之日起十五日内，向作出处罚决定的机关的上一级机关申请复议，对复议决定不服的，可在接到复议之日起十五日内，向人民法院提出诉讼。当事人逾期不申请复议或者不向人民法院提起诉讼又不履行处罚决定的，由作出处罚决定的机关申请人民法院强制执行。

第六章 附 则

第三十条 省、自治区、直辖市人民政府可根据本条例制定实施办法。

第三十一条 本条例由国家教育委员会解释。

第三十二条 本条例自 1990 年 2 月 1 日起施行

幼儿园工作规程

中华人民共和国教育部令

第 39 号

《幼儿园工作规程》已经 2015 年 12 月 14 日第 48 次部长办公会议审议通过，现予公布，自 2016 年 3 月 1 日起施行。

教育部部长

2016 年 1 月 5 日

第一章 总 则

第一条 为了加强幼儿园的科学管理，规范办园行为，提高保育和教育质量，促进幼儿身心健康，依据《中华人民共和国教育法》等法律法规，制定本规程。

第二条 幼儿园是对 3 周岁以上学龄前幼儿实施保育和教育

的机构。幼儿园教育是基础教育的重要组成部分，是学校教育制度的基础阶段。

第三条 幼儿园的任务是：贯彻国家的教育方针，按照保育与教育相结合的原则，遵循幼儿身心发展特点和规律，实施德、智、体、美等方面全面发展的教育，促进幼儿身心和谐发展。

幼儿园同时面向幼儿家长提供科学育儿指导。

第四条 幼儿园适龄幼儿一般为3周岁至6周岁。

幼儿园一般为三年制。

第五条 幼儿园保育和教育的主要目标是：

（一）促进幼儿身体正常发育和机能的协调发展，增强体质，促进心理健康，培养良好的生活习惯、卫生习惯和参加体育活动的兴趣。

（二）发展幼儿智力，培养正确运用感官和运用语言交往的基本能力，增进对环境的认识，培养有益的兴趣和求知欲望，培养初步的动手探究能力。

（三）萌发幼儿爱祖国、爱家乡、爱集体、爱劳动、爱科学的情感，培养诚实、自信、友爱、勇敢、勤学、好问、爱护公物、克服困难、讲礼貌、守纪律等良好的品德行为和习惯，以及活泼开朗的性格。

（四）培养幼儿初步感受美和表现美的情趣和能力。

第六条 幼儿园教职工应当尊重、爱护幼儿，严禁虐待、歧视、体罚和变相体罚、侮辱幼儿人格等损害幼儿身心健康的行为。

第七条 幼儿园可分为全日制、半日制、定时制、季节制和寄宿制等。上述形式可分别设置，也可混合设置。

第二章　幼儿入园和编班

第八条　幼儿园每年秋季招生。平时如有缺额，可随时补招。

幼儿园对烈士子女、家中无人照顾的残疾人子女、孤儿、家庭经济困难幼儿、具有接受普通教育能力的残疾儿童等入园，按照国家和地方的有关规定予以照顾。

第九条　企业、事业单位和机关、团体、部队设置的幼儿园，除招收本单位工作人员的子女外，应当积极创造条件向社会开放，招收附近居民子女入园。

第十条　幼儿入园前，应当按照卫生部门制定的卫生保健制度进行健康检查，合格者方可入园。

幼儿入园除进行健康检查外，禁止任何形式的考试或测查。

第十一条　幼儿园规模应当有利于幼儿身心健康，便于管理，一般不超过360人。

幼儿园每班幼儿人数一般为：小班（3周岁至4周岁）25人，中班（4周岁至5周岁）30人，大班（5周岁至6周岁）35人，混合班30人。寄宿制幼儿园每班幼儿人数酌减。

幼儿园可以按年龄分别编班，也可以混合编班。

第三章　幼儿园的安全

第十二条　幼儿园应当严格执行国家和地方幼儿园安全管理的相关规定，建立健全门卫、房屋、设备、消防、交通、食品、药物、幼儿接送交接、活动组织和幼儿就寝值守等安全防护和检查制度，建立安全责任制和应急预案。

第十三条 幼儿园的园舍应当符合国家和地方的建设标准，以及相关安全、卫生等方面的规范，定期检查维护，保障安全。幼儿园不得设置在污染区和危险区，不得使用危房。

幼儿园的设备设施、装修装饰材料、用品用具和玩教具材料等，应当符合国家相关的安全质量标准和环保要求。

入园幼儿应当由监护人或者其委托的成年人接送。

第十四条 幼儿园应当严格执行国家有关食品药品安全的法律法规，保障饮食饮水卫生安全。

第十五条 幼儿园教职工必须具有安全意识，掌握基本急救常识和防范、避险、逃生、自救的基本方法，在紧急情况下应当优先保护幼儿的人身安全。

幼儿园应当把安全教育融入一日生活，并定期组织开展多种形式的安全教育和事故预防演练。

幼儿园应当结合幼儿年龄特点和接受能力开展反家庭暴力教育，发现幼儿遭受或者疑似遭受家庭暴力的，应当依法及时向公安机关报案。

第十六条 幼儿园应当投保校方责任险。

第四章 幼儿园的卫生保健

第十七条 幼儿园必须切实做好幼儿生理和心理卫生保健工作。

幼儿园应当严格执行《托儿所幼儿园卫生保健管理办法》以及其他有关卫生保健的法规、规章和制度。

第十八条 幼儿园应当制定合理的幼儿一日生活作息制度。正餐间隔时间为3.5-4小时。在正常情况下，幼儿户外活动时间（包括户外体育活动时间）每天不得少于2小时，寄宿制幼儿园不得少于3小时；高寒、高温地区可酌情增减。

第十九条 幼儿园应当建立幼儿健康检查制度和幼儿健康卡或档案。每年体检一次，每半年测身高、视力一次，每季度量体重一次；注意幼儿口腔卫生，保护幼儿视力。

幼儿园对幼儿健康发展状况定期进行分析、评价，及时向家长反馈结果。

幼儿园应当关注幼儿心理健康，注重满足幼儿的发展需要，保持幼儿积极的情绪状态，让幼儿感受到尊重和接纳。

第二十条 幼儿园应当建立卫生消毒、晨检、午检制度和病儿隔离制度，配合卫生部门做好计划免疫工作。

幼儿园应当建立传染病预防和管理制度，制定突发传染病应急预案，认真做好疾病防控工作。

幼儿园应当建立患病幼儿用药的委托交接制度，未经监护人委托或者同意，幼儿园不得给幼儿用药。幼儿园应当妥善管理药品，保证幼儿用药安全。

幼儿园内禁止吸烟、饮酒。

第二十一条 供给膳食的幼儿园应当为幼儿提供安全卫生的食品，编制营养平衡的幼儿食谱，定期计算和分析幼儿的进食量和营养素摄取量，保证幼儿合理膳食。

幼儿园应当每周向家长公示幼儿食谱，并按照相关规定进行食品留样。

第二十二条 幼儿园应当配备必要的设备设施，及时为幼儿提供安全卫生的饮用水。

幼儿园应当培养幼儿良好的大小便习惯，不得限制幼儿便溺的次数、时间等。

第二十三条　幼儿园应当积极开展适合幼儿的体育活动，充分利用日光、空气、水等自然因素以及本地自然环境，有计划地锻炼幼儿肌体，增强身体的适应和抵抗能力。正常情况下，每日户外体育活动不得少于1小时。

幼儿园在开展体育活动时，应当对体弱或有残疾的幼儿予以特殊照顾。

第二十四条　幼儿园夏季要做好防暑降温工作，冬季要做好防寒保暖工作，防止中暑和冻伤。

第五章　幼儿园的教育

第二十五条　幼儿园教育应当贯彻以下原则和要求：

（一）德、智、体、美等方面的教育应当互相渗透，有机结合。

（二）遵循幼儿身心发展规律，符合幼儿年龄特点，注重个体差异，因人施教，引导幼儿个性健康发展。

（三）面向全体幼儿，热爱幼儿，坚持积极鼓励、启发引导的正面教育。

（四）综合组织健康、语言、社会、科学、艺术各领域的教育内容，渗透于幼儿一日生活的各项活动中，充分发挥各种教育手段的交互作用。

（五）以游戏为基本活动，寓教育于各项活动之中。

（六）创设与教育相适应的良好环境，为幼儿提供活动和表现能力的机会与条件。

第二十六条 幼儿一日活动的组织应当动静交替，注重幼儿的直接感知、实际操作和亲身体验，保证幼儿愉快的、有益的自由活动。

第二十七条 幼儿园日常生活组织，应当从实际出发，建立必要、合理的常规，坚持一贯性和灵活性相结合，培养幼儿的良好习惯和初步的生活自理能力。

第二十八条 幼儿园应当为幼儿提供丰富多样的教育活动。

教育活动内容应当根据教育目标、幼儿的实际水平和兴趣确定，以循序渐进为原则，有计划地选择和组织。

教育活动的组织应当灵活地运用集体、小组和个别活动等形式，为每个幼儿提供充分参与的机会，满足幼儿多方面发展的需要，促进每个幼儿在不同水平上得到发展。

教育活动的过程应注重支持幼儿的主动探索、操作实践、合作交流和表达表现，不应片面追求活动结果。

第二十九条 幼儿园应当将游戏作为对幼儿进行全面发展教育的重要形式。

幼儿园应当因地制宜创设游戏条件，提供丰富、适宜的游戏材料，保证充足的游戏时间，开展多种游戏。

幼儿园应当根据幼儿的年龄特点指导游戏，鼓励和支持幼儿根据自身兴趣、需要和经验水平，自主选择游戏内容、游戏材料和伙伴，使幼儿在游戏过程中获得积极的情绪情感，促进幼儿能力和个性的全面发展。

第三十条 幼儿园应当将环境作为重要的教育资源，合理利用室内外环境，创设开放的、多样的区域活动空间，提供适合幼儿年龄特点的丰富的玩具、操作材料和幼儿读物，支持幼儿自主选择和主动学习，激发幼儿学习的兴趣与探究的愿望。

幼儿园应当营造尊重、接纳和关爱的氛围，建立良好的同伴和师生关系。

幼儿园应当充分利用家庭和社区的有利条件，丰富和拓展幼儿园的教育资源。

第三十一条　幼儿园的品德教育应当以情感教育和培养良好行为习惯为主，注重潜移默化的影响，并贯穿于幼儿生活以及各项活动之中。

第三十二条　幼儿园应当充分尊重幼儿的个体差异，根据幼儿不同的心理发展水平，研究有效的活动形式和方法，注重培养幼儿良好的个性心理品质。

幼儿园应当为在园残疾儿童提供更多的帮助和指导。

第三十三条　幼儿园和小学应当密切联系，互相配合，注意两个阶段教育的相互衔接。

幼儿园不得提前教授小学教育内容，不得开展任何违背幼儿身心发展规律的活动。

第六章　幼儿园的园舍、设备

第三十四条　幼儿园应当按照国家的相关规定设活动室、寝室、卫生间、保健室、综合活动室、厨房和办公用房等，并达到相应的建设标准。有条件的幼儿园应当优先扩大幼儿游戏和活动空间。

寄宿制幼儿园应当增设隔离室、浴室和教职工值班室等。

第三十五条　幼儿园应当有与其规模相适应的户外活动场地，配备必要的游戏和体育活动设施，创造条件开辟沙地、水池、种植园地等，并根据幼儿活动的需要绿化、美化园地。

第三十六条　幼儿园应当配备适合幼儿特点的桌椅、玩具架、盥洗卫生用具，以及必要的玩教具、图书和乐器等。

玩教具应当具有教育意义并符合安全、卫生要求。幼儿园应当因地制宜，就地取材，自制玩教具。

第三十七条　幼儿园的建筑规划面积、建筑设计和功能要求，以及设施设备、玩教具配备，按照国家和地方的相关规定执行。

第七章　幼儿园的教职工

第三十八条　幼儿园按照国家相关规定设园长、副园长、教师、保育员、卫生保健人员、炊事员和其他工作人员等岗位，配足配齐教职工。

第三十九条　幼儿园教职工应当贯彻国家教育方针，具有良好品德，热爱教育事业，尊重和爱护幼儿，具有专业知识和技能以及相应的文化和专业素养，为人师表，忠于职责，身心健康。

幼儿园教职工患传染病期间暂停在幼儿园的工作。有犯罪、吸毒记录和精神病史者不得在幼儿园工作。

第四十条　幼儿园园长应当符合本规程第三十九条规定，并应当具有《教师资格条例》规定的教师资格、具备大专以上学历、有三年以上幼儿园工作经历和一定的组织管理能力，并取得幼儿园园长岗位培训合格证书。

幼儿园园长由举办者任命或者聘任，并报当地主管的教育行政部门备案。

幼儿园园长负责幼儿园的全面工作,主要职责如下:

(一)贯彻执行国家的有关法律、法规、方针、政策和地方的相关规定,负责建立并组织执行幼儿园的各项规章制度;

(二)负责保育教育、卫生保健、安全保卫工作;

(三)负责按照有关规定聘任、调配教职工,指导、检查和评估教师以及其他工作人员的工作,并给予奖惩;

(四)负责教职工的思想工作,组织业务学习,并为他们的学习、进修、教育研究创造必要的条件;

(五)关心教职工的身心健康,维护他们的合法权益,改善他们的工作条件;

(六)组织管理园舍、设备和经费;

(七)组织和指导家长工作;

(八)负责与社区的联系和合作。

第四十一条 幼儿园教师必须具有《教师资格条例》规定的幼儿园教师资格,并符合本规程第三十九条规定。

幼儿园教师实行聘任制。

幼儿园教师对本班工作全面负责,其主要职责如下:

(一)观察了解幼儿,依据国家有关规定,结合本班幼儿的发展水平和兴趣需要,制订和执行教育工作计划,合理安排幼儿一日生活;

(二)创设良好的教育环境,合理组织教育内容,提供丰富的玩具和游戏材料,开展适宜的教育活动;

(三)严格执行幼儿园安全、卫生保健制度,指导并配合保育员管理本班幼儿生活,做好卫生保健工作;

（四）与家长保持经常联系，了解幼儿家庭的教育环境，商讨符合幼儿特点的教育措施，相互配合共同完成教育任务；

（五）参加业务学习和保育教育研究活动；

（六）定期总结评估保教工作实效，接受园长的指导和检查。

第四十二条 幼儿园保育员应当符合本规程第三十九条规定，并应当具备高中毕业以上学历，受过幼儿保育职业培训。

幼儿园保育员的主要职责如下：

（一）负责本班房舍、设备、环境的清洁卫生和消毒工作；

（二）在教师指导下，科学照料和管理幼儿生活，并配合本班教师组织教育活动；

（三）在卫生保健人员和本班教师指导下，严格执行幼儿园安全、卫生保健制度；

（四）妥善保管幼儿衣物和本班的设备、用具。

第四十三条 幼儿园卫生保健人员除符合本规程第三十九条规定外，医师应当取得卫生行政部门颁发的《医师执业证书》；护士应当取得《护士执业证书》；保健员应当具有高中毕业以上学历，并经过当地妇幼保健机构组织的卫生保健专业知识培训。

幼儿园卫生保健人员对全园幼儿身体健康负责，其主要职责如下：

（一）协助园长组织实施有关卫生保健方面的法规、规章和制度，并监督执行；

（二）负责指导调配幼儿膳食，检查食品、饮水和环境卫生；

（三）负责晨检、午检和健康观察，做好幼儿营养、生长发育的监测和评价；定期组织幼儿健康体检，做好幼儿健康档案管理；

（四）密切与当地卫生保健机构的联系，协助做好疾病防控和计划免疫工作；

（五）向幼儿园教职工和家长进行卫生保健宣传和指导；

（六）妥善管理医疗器械、消毒用具和药品。

第四十四条 幼儿园其他工作人员的资格和职责，按照国家和地方的有关规定执行。

第四十五条 对认真履行职责、成绩优良的幼儿园教职工，应当按照有关规定给予奖励。

对不履行职责的幼儿园教职工，应当视情节轻重，依法依规给予相应处分。

第八章 幼儿园的经费

第四十六条 幼儿园的经费由举办者依法筹措，保障有必备的办园资金和稳定的经费来源。

按照国家和地方相关规定接受财政扶持的提供普惠性服务的国有企事业单位办园、集体办园和民办园等幼儿园，应当接受财务、审计等有关部门的监督检查。

第四十七条 幼儿园收费按照国家和地方的有关规定执行。

幼儿园实行收费公示制度，收费项目和标准向家长公示，接受社会监督，不得以任何名义收取与新生入园相挂钩的赞助费。

幼儿园不得以培养幼儿某种专项技能、组织或参与竞赛等为由，另外收取费用；不得以营利为目的组织幼儿表演、竞赛等活动。

第四十八条 幼儿园的经费应当按照规定的使用范围合理

开支，坚持专款专用，不得挪作他用。

第四十九条 幼儿园举办者筹措的经费，应当保证保育和教育的需要，有一定比例用于改善办园条件和开展教职工培训。

第五十条 幼儿膳食费应当实行民主管理制度，保证全部用于幼儿膳食，每月向家长公布账目。

第五十一条 幼儿园应当建立经费预算和决算审核制度，经费预算和决算应当提交园务委员会审议，并接受财务和审计部门的监督检查。

幼儿园应当依法建立资产配置、使用、处置、产权登记、信息管理等管理制度，严格执行有关财务制度。

第九章 幼儿园、家庭和社区

第五十二条 幼儿园应当主动与幼儿家庭沟通合作，为家长提供科学育儿宣传指导，帮助家长创设良好的家庭教育环境，共同担负教育幼儿的任务。

第五十三条 幼儿园应当建立幼儿园与家长联系的制度。幼儿园可采取多种形式，指导家长正确了解幼儿园保育和教育的内容、方法，定期召开家长会议，并接待家长的来访和咨询。

幼儿园应当认真分析、吸收家长对幼儿园教育与管理工作的意见与建议。

幼儿园应当建立家长开放日制度。

第五十四条 幼儿园应当成立家长委员会。

家长委员会的主要任务是：对幼儿园重要决策和事关幼儿切身利益的事项提出意见和建议；发挥家长的专业和资源优势，

支持幼儿园保育教育工作；帮助家长了解幼儿园工作计划和要求，协助幼儿园开展家庭教育指导和交流。

家长委员会在幼儿园园长指导下工作。

第五十五条 幼儿园应当加强与社区的联系与合作，面向社区宣传科学育儿知识，开展灵活多样的公益性早期教育服务，争取社区对幼儿园的多方面支持。

第十章 幼儿园的管理

第五十六条 幼儿园实行园长负责制。

幼儿园应当建立园务委员会。园务委员会由园长、副园长、党组织负责人和保教、卫生保健、财会等方面工作人员的代表以及幼儿家长代表组成。园长任园务委员会主任。

园长定期召开园务委员会会议，遇重大问题可临时召集，对规章制度的建立、修改、废除，全园工作计划，工作总结，人员奖惩，财务预算和决算方案，以及其他涉及全园工作的重要问题进行审议。

第五十七条 幼儿园应当加强党组织建设，充分发挥党组织政治核心作用、战斗堡垒作用。幼儿园应当为工会、共青团等其他组织开展工作创造有利条件，充分发挥其在幼儿园工作中的作用。

第五十八条 幼儿园应当建立教职工大会制度或者教职工代表大会制度，依法加强民主管理和监督。

第五十九条 幼儿园应当建立教研制度，研究解决保教工作中的实际问题。

第六十条 幼儿园应当制订年度工作计划，定期部署、总结和报告工作。每学年年末应当向教育等行政主管部门报告工作，必要时随时报告。

第六十一条 幼儿园应当接受上级教育、卫生、公安、消防等部门的检查、监督和指导，如实报告工作和反映情况。

幼儿园应当依法接受教育督导部门的督导。

第六十二条 幼儿园应当建立业务档案、财务管理、园务会议、人员奖惩、安全管理以及与家庭、小学联系等制度。

幼儿园应当建立信息管理制度，按照规定采集、更新、报送幼儿园管理信息系统的相关信息，每年向主管教育行政部门报送统计信息。

第六十三条 幼儿园教师依法享受寒暑假期的带薪休假。幼儿园应当创造条件，在寒暑假期间，安排工作人员轮流休假。具体办法由举办者制定。

第十一章 附 则

第六十四条 本规程适用于城乡各类幼儿园。

第六十五条 省、自治区、直辖市教育行政部门可根据本规程，制订具体实施办法。

第六十六条 本规程自 2016 年 3 月 1 日起施行。1996 年 3 月 9 日由原国家教育委员会令第 25 号发布的《幼儿园工作规程》同时废止。

附 录

中小学幼儿园安全管理办法

中华人民共和国教育部　中华人民共和国公安部
中华人民共和国司法部　中华人民共和国建设部
中华人民共和国交通部　中华人民共和国文化部
中华人民共和国卫生部　国家工商行政管理总局
国家质量监督检验检疫总局　新闻出版总署令
第 23 号

根据教育法律法规和国务院的有关规定,教育部、公安部、司法部、建设部、交通部、文化部、卫生部、工商总局、质检总局、新闻出版总署制定了《中小学幼儿园安全管理办法》,现予发布,本办法自 2006 年 9 月 1 日起施行。

教育部部长　公安部部长
司法部部长　建设部部长
交通部部长　文化部部长
卫生部部长　工商总局局长
质检总局局长　新闻出版总署署长
二〇〇六年六月三十日

第一章 总 则

第一条 为加强中小学、幼儿园安全管理，保障学校及其学生和教职工的人身、财产安全，维护中小学、幼儿园正常的教育教学秩序，根据《中华人民共和国教育法》等法律法规，制定本办法。

第二条 普通中小学、中等职业学校、幼儿园（班）、特殊教育学校、工读学校（以下统称学校）的安全管理适用本办法。

第三条 学校安全管理遵循积极预防、依法管理、社会参与、各负其责的方针。

第四条 学校安全管理工作主要包括：

（一）构建学校安全工作保障体系，全面落实安全工作责任制和事故责任追究制，保障学校安全工作规范、有序进行；

（二）健全学校安全预警机制，制定突发事件应急预案，完善事故预防措施，及时排除安全隐患，不断提高学校安全工作管理水平；

（三）建立校园周边整治协调工作机制，维护校园及周边环境安全；

（四）加强安全宣传教育培训，提高师生安全意识和防护能力；

（五）事故发生后启动应急预案、对伤亡人员实施救治和责任追究等。

第五条 各级教育、公安、司法行政、建设、交通、文化、卫生、工商、质检、新闻出版等部门在本级人民政府的领导下，依法履行学校周边治理和学校安全的监督与管理职责。

学校应当按照本办法履行安全管理和安全教育职责。

社会团体、企业事业单位、其他社会组织和个人应当积极参与和支持学校安全工作，依法维护学校安全。

第二章 安全管理职责

第六条 地方各级人民政府及其教育、公安、司法行政、建设、交通、文化、卫生、工商、质检、新闻出版等部门应当按照职责分工，依法负责学校安全工作，履行学校安全管理职责。

第七条 教育行政部门对学校安全工作履行下列职责：

（一）全面掌握学校安全工作状况，制定学校安全工作考核目标，加强对学校安全工作的检查指导，督促学校建立健全并落实安全管理制度；

（二）建立安全工作责任制和事故责任追究制，及时消除安全隐患，指导学校妥善处理学生伤害事故；

（三）及时了解学校安全教育情况，组织学校有针对性地开展学生安全教育，不断提高教育实效；

（四）制定校园安全的应急预案，指导、监督下级教育行政部门和学校开展安全工作；

（五）协调政府其他相关职能部门共同做好学校安全管理工作，协助当地人民政府组织对学校安全事故的救援和调查处理。

教育督导机构应当组织学校安全工作的专项督导。

第八条 公安机关对学校安全工作履行下列职责：

（一）了解掌握学校及周边治安状况，指导学校做好校园保卫工作，及时依法查处扰乱校园秩序、侵害师生人身、财产安全的案件；

（二）指导和监督学校做好消防安全工作；

（三）协助学校处理校园突发事件。

第九条 卫生部门对学校安全工作履行下列职责：

（一）检查、指导学校卫生防疫和卫生保健工作，落实疾病预防控制措施；

（二）监督、检查学校食堂、学校饮用水和游泳池的卫生状况。

第十条 建设部门对学校安全工作履行下列职责：

（一）加强对学校建筑、燃气设施设备安全状况的监管，发现安全事故隐患的，应当依法责令立即排除；

（二）指导校舍安全检查鉴定工作；

（三）加强对学校工程建设各环节的监督管理，发现校舍、楼梯护栏及其他教学、生活设施违反工程建设强制性标准的，应责令纠正；

（四）依法督促学校定期检验、维修和更新学校相关设施设备。

第十一条 质量技术监督部门应当定期检查学校特种设备及相关设施的安全状况。

第十二条 公安、卫生、交通、建设等部门应当定期向教育行政部门和学校通报与学校安全管理相关的社会治安、疾病防治、交通等情况，提出具体预防要求。

第十三条 文化、新闻出版、工商等部门应当对校园周边的有关经营服务场所加强管理和监督，依法查处违法经营者，维护有利于青少年成长的良好环境。

司法行政、公安等部门应当按照有关规定履行学校安全教育职责。

第十四条 举办学校的地方人民政府、企业事业组织、社会团体和公民个人，应当对学校安全工作履行下列职责：

（一）保证学校符合基本办学标准，保证学校围墙、校舍、场地、教学设施、教学用具、生活设施和饮用水源等办学条件符合国家安全质量标准；

（二）配置紧急照明装置和消防设施与器材，保证学校教学楼、图书馆、实验室、师生宿舍等场所的照明、消防条件符合国家安全规定；

（三）定期对校舍安全进行检查，对需要维修的，及时予以维修；对确认的危房，及时予以改造。

举办学校的地方人民政府应当依法维护学校周边秩序，保障师生和学校的合法权益，为学校提供安全保障。

有条件的，学校举办者应当为学校购买责任保险。

第三章 校内安全管理制度

第十五条 学校应当遵守有关安全工作的法律、法规和规章，建立健全校内各项安全管理制度和安全应急机制，及时消除隐患，预防发生事故。

第十六条 学校应当建立校内安全工作领导机构，实行校长负责制；应当设立保卫机构，配备专职或者兼职安全保卫人员，明确其安全保卫职责。

第十七条 学校应当健全门卫制度，建立校外人员入校的登记或者验证制度，禁止无关人员和校外机动车入内，禁止将非教学用易燃易爆物品、有毒物品、动物和管制器具等危险物品带入校园。

学校门卫应当由专职保安或者其他能够切实履行职责的人员担任。

第十八条 学校应当建立校内安全定期检查制度和危房报告制度，按照国家有关规定安排对学校建筑物、构筑物、设备、设施进行安全检查、检验；发现存在安全隐患的，应当停止使用，及时维修或者更换；维修、更换前应当采取必要的防护措施或者设置警示标志。学校无力解决或者无法排除的重大安全隐患，应当及时书面报告主管部门和其他相关部门。

学校应当在校内高地、水池、楼梯等易发生危险的地方设置警示标志或者采取防护设施。

第十九条 学校应当落实消防安全制度和消防工作责任制，对于政府保障配备的消防设施和器材加强日常维护，保证其能够有效使用，并设置消防安全标志，保证疏散通道、安全出口和消防车通道畅通。

第二十条 学校应当建立用水、用电、用气等相关设施设备的安全管理制度，定期进行检查或者按照规定接受有关主管部门的定期检查，发现老化或者损毁的，及时进行维修或者更换。

第二十一条 学校应当严格执行《学校食堂与学生集休用餐卫生管理规定》、《餐饮业和学生集体用餐配送单位卫生规范》，严格遵守卫生操作规范。建立食堂物资定点采购和索证、登记制度与饭菜留验和记录制度，检查饮用水的卫生安全状况，保障师生饮食卫生安全。

第二十二条 学校应当建立实验室安全管理制度,并将安全管理制度和操作规程置于实验室显著位置。

学校应当严格建立危险化学品、放射物质的购买、保管、使用、登记、注销等制度,保证将危险化学品、放射物质存放在安全地点。

第二十三条 学校应当按照国家有关规定配备具有从业资格的专职医务(保健)人员或者兼职卫生保健教师,购置必需的急救器材和药品,保障对学生常见病的治疗,并负责学校传染病疫情及其他突发公共卫生事件的报告。有条件的学校,应当设立卫生(保健)室。

新生入学应当提交体检证明。托幼机构与小学在入托、入学时应当查验预防接种证。学校应当建立学生健康档案,组织学生定期体检。

第二十四条 学校应当建立学生安全信息通报制度,将学校规定的学生到校和放学时间、学生非正常缺席或者擅自离校情况、以及学生身体和心理的异常状况等关系学生安全的信息,及时告知其监护人。

对有特异体质、特定疾病或者其他生理、心理状况异常以及有吸毒行为的学生,学校应当做好安全信息记录,妥善保管学生的健康与安全信息资料,依法保护学生的个人隐私。

第二十五条 有寄宿生的学校应当建立住宿学生安全管理制度,配备专人负责住宿学生的生活管理和安全保卫工作。

学校应当对学生宿舍实行夜间巡查、值班制度,并针对女生宿舍安全工作的特点,加强对女生宿舍的安全管理。

学校应当采取有效措施,保证学生宿舍的消防安全。

第二十六条　学校购买或者租用机动车专门用于接送学生的,应当建立车辆管理制度,并及时到公安机关交通管理部门备案。接送学生的车辆必须检验合格,并定期维护和检测。

接送学生专用校车应当粘贴统一标识。标识样式由省级公安机关交通管理部门和教育行政部门制定。

学校不得租用拼装车、报废车和个人机动车接送学生。

接送学生的机动车驾驶员应当身体健康,具备相应准驾车型3年以上安全驾驶经历,最近3年内任一记分周期没有记满12分记录,无致人伤亡的交通责任事故。

第二十七条　学校应当建立安全工作档案,记录日常安全工作、安全责任落实、安全检查、安全隐患消除等情况。

安全档案作为实施安全工作目标考核、责任追究和事故处理的重要依据。

第四章　日常安全管理

第二十八条　学校在日常的教育教学活动中应当遵循教学规范,落实安全管理要求,合理预见、积极防范可能发生的风险。

学校组织学生参加的集体劳动、教学实习或者社会实践活动,应当符合学生的心理、生理特点和身体健康状况。

学校以及接受学生参加教育教学活动的单位必须采取有效措施,为学生活动提供安全保障。

第二十九条　学校组织学生参加大型集体活动,应当采取下列安全措施:

(一)成立临时的安全管理组织机构;

（二）有针对性地对学生进行安全教育；

（三）安排必要的管理人员，明确所负担的安全职责；

（四）制定安全应急预案，配备相应设施。

第三十条　学校应当按照《学校体育工作条例》和教学计划组织体育教学和体育活动，并根据教学要求采取必要的保护和帮助措施。

学校组织学生开展体育活动，应当避开主要街道和交通要道；开展大型体育活动以及其他大型学生活动，必须经过主要街道和交通要道的，应当事先与公安机关交通管理部门共同研究并落实安全措施。

第三十一条　小学、幼儿园应当建立低年级学生、幼儿上下学时接送的交接制度，不得将晚离学校的低年级学生、幼儿交与无关人员。

第三十二条　学生在教学楼进行教学活动和晚自习时，学校应当合理安排学生疏散时间和楼道上下顺序，同时安排人员巡查，防止发生拥挤踩踏伤害事故。

晚自习学生没有离校之前，学校应当有负责人和教师值班、巡查。

第三十三条　学校不得组织学生参加抢险等应当由专业人员或者成人从事的活动，不得组织学生参与制作烟花爆竹、有毒化学品等具有危险性的活动，不得组织学生参加商业性活动。

第三十四条　学校不得将场地出租给他人从事易燃、易爆、有毒、有害等危险品的生产、经营活动。

学校不得出租校园内场地停放校外机动车辆；不得利用学校用地建设对社会开放的停车场。

第三十五条　学校教职工应当符合相应任职资格和条件要求。学校不得聘用因故意犯罪而受到刑事处罚的人，或者有精神病史的人担任教职工。

学校教师应当遵守职业道德规范和工作纪律，不得侮辱、殴打、体罚或者变相体罚学生；发现学生行为具有危险性的，应当及时告诫、制止，并与学生监护人沟通。

第三十六条　学生在校学习和生活期间，应当遵守学校纪律和规章制度，服从学校的安全教育和管理，不得从事危及自身或者他人安全的活动。

第三十七条　监护人发现被监护人有特异体质、特定疾病或者异常心理状况的，应当及时告知学校。

学校对已知的有特异体质、特定疾病或者异常心理状况的学生，应当给予适当关注和照顾。生理、心理状况异常不宜在校学习的学生，应当休学，由监护人安排治疗、休养。

第五章　安全教育

第三十八条　学校应当按照国家课程标准和地方课程设置要求，将安全教育纳入教学内容，对学生开展安全教育，培养学生的安全意识，提高学生的自我防护能力。

第三十九条　学校应当在开学初、放假前，有针对性地对学生集中开展安全教育。新生入校后，学校应当帮助学生及时了解相关的学校安全制度和安全规定。

第四十条　学校应当针对不同课程实验课的特点与要求，对学生进行实验用品的防毒、防爆、防辐射、防污染等的安全防护教育。

学校应当对学生进行用水、用电的安全教育，对寄宿学生进行防火、防盗和人身防护等方面的安全教育。

第四十一条 学校应当对学生开展安全防范教育，使学生掌握基本的自我保护技能，应对不法侵害。

学校应当对学生开展交通安全教育，使学生掌握基本的交通规则和行为规范。

学校应当对学生开展消防安全教育，有条件的可以组织学生到当地消防站参观和体验，使学生掌握基本的消防安全知识，提高防火意识和逃生自救的能力。

学校应当根据当地实际情况，有针对性地对学生开展到江河湖海、水库等地方戏水、游泳的安全卫生教育。

第四十二条 学校可根据当地实际情况，组织师生开展多种形式的事故预防演练。

学校应当每学期至少开展一次针对洪水、地震、火灾等灾害事故的紧急疏散演练，使师生掌握避险、逃生、自救的方法。

第四十三条 教育行政部门按照有关规定，与人民法院、人民检察院和公安、司法行政等部门以及高等学校协商，选聘优秀的法律工作者担任学校的兼职法制副校长或者法制辅导员。

兼职法制副校长或者法制辅导员应当协助学校检查落实安全制度和安全事故处理、定期对师生进行法制教育等，其工作成果纳入派出单位的工作考核内容。

第四十四条 教育行政部门应当组织负责安全管理的主管人员、学校校长、幼儿园园长和学校负责安全保卫工作的人员，定期接受有关安全管理培训。

第四十五条 学校应当制定教职工安全教育培训计划，通过多种途径和方法，使教职工熟悉安全规章制度、掌握安全救护常识，学会指导学生预防事故、自救、逃生、紧急避险的方法和手段。

第四十六条　学生监护人应当与学校互相配合，在日常生活中加强对被监护人的各项安全教育。

学校鼓励和提倡监护人自愿为学生购买意外伤害保险。

第六章　校园周边安全管理

第四十七条　教育、公安、司法行政、建设、交通、文化、卫生、工商、质检、新闻出版等部门应当建立联席会议制度，定期研究部署学校安全管理工作，依法维护学校周边秩序；通过多种途径和方式，听取学校和社会各界关于学校安全管理工作的意见和建议。

第四十八条　建设、公安等部门应当加强对学校周边建设工程的执法检查，禁止任何单位或者个人违反有关法律、法规、规章、标准，在学校围墙或者建筑物边建设工程，在校园周边设立易燃易爆、剧毒、放射性、腐蚀性等危险物品的生产、经营、储存、使用场所或者设施以及其他可能影响学校安全的场所或者设施。

第四十九条　公安机关应当把学校周边地区作为重点治安巡逻区域，在治安情况复杂的学校周边地区增设治安岗亭和报警点，及时发现和消除各类安全隐患，处置扰乱学校秩序和侵害学生人身、财产安全的违法犯罪行为。

第五十条　公安、建设和交通部门应当依法在学校门前道路设置规范的交通警示标志，施划人行横线，根据需要设置交通信号灯、减速带、过街天桥等设施。

在地处交通复杂路段的学校上下学时间，公安机关应当根据需要部署警力或者交通协管人员维护道路交通秩序。

第五十一条　公安机关和交通部门应当依法加强对农村地区交通工具的监督管理，禁止没有资质的车船搭载学生。

第五十二条　文化部门依法禁止在中学、小学校园周围200米范围内设立互联网上网服务营业场所，并依法查处接纳未成年人进入的互联网上网服务营业场所。工商行政管理部门依法查处取缔擅自设立的互联网上网服务营业场所。

第五十三条　新闻出版、公安、工商行政管理等部门应当依法取缔学校周边兜售非法出版物的游商和无证照摊点，查处学校周边制售含有淫秽色情、凶杀暴力等内容的出版物的单位和个人。

第五十四条　卫生、工商行政管理部门应当对校园周边饮食单位的卫生状况进行监督，取缔非法经营的小卖部、饮食摊点。

第七章　安全事故处理

第五十五条　在发生地震、洪水、泥石流、台风等自然灾害和重大治安、公共卫生突发事件时，教育等部门应当立即启动应急预案，及时转移、疏散学生，或者采取其他必要防护措施，保障学校安全和师生人身财产安全。

第五十六条　校园内发生火灾、食物中毒、重大治安等突发安全事故以及自然灾害时，学校应当启动应急预案，及时组织教职工参与抢险、救助和防护，保障学生身体健康和人身、财产安全。

第五十七条　发生学生伤亡事故时，学校应当按照《学生伤害事故处理办法》规定的原则和程序等，及时实施救助，并进行妥善处理。

第五十八条　发生教职工和学生伤亡等安全事故的，学校应当及时报告主管教育行政部门和政府有关部门；属于重大事故的，教育行政部门应当按照有关规定及时逐级上报。

第五十九条　省级教育行政部门应当在每年1月31日前向国务院教育行政部门书面报告上一年度学校安全工作和学生伤亡事故情况。

第八章　奖励与责任

第六十条　教育、公安、司法行政、建设、交通、文化、卫生、工商、质检、新闻出版等部门，对在学校安全工作中成绩显著或者做出突出贡献的单位和个人，应当视情况联合或者分别给予表彰、奖励。

第六十一条　教育、公安、司法行政、建设、交通、文化、卫生、工商、质检、新闻出版等部门，不依法履行学校安全监督与管理职责的，由上级部门给予批评；对直接责任人员由上级部门和所在单位视情节轻重，给予批评教育或者行政处分；构成犯罪的，依法追究刑事责任。

第六十二条　学校不履行安全管理和安全教育职责，对重大安全隐患未及时采取措施的，有关主管部门应当责令其限期改正；拒不改正或者有下列情形之一的，教育行政部门应当对学校负责人和其他直接责任人员给予行政处分；构成犯罪的，依法追究刑事责任：

（一）发生重大安全事故、造成学生和教职工伤亡的；

（二）发生事故后未及时采取适当措施、造成严重后果的；

（三）瞒报、谎报或者缓报重大事故的；

（四）妨碍事故调查或者提供虚假情况的；

（五）拒绝或者不配合有关部门依法实施安全监督管理职责的。

《中华人民共和国民办教育促进法》及其实施条例另有规定的，依其规定执行。

第六十三条　校外单位或者人员违反治安管理规定、引发学校安全事故的，或者在学校安全事故处理过程中，扰乱学校正常教育教学秩序、违反治安管理规定的，由公安机关依法处理；构成犯罪的，依法追究其刑事责任；造成学校财产损失的，依法承担赔偿责任。

第六十四条　学生人身伤害事故的赔偿，依据有关法律法规、国家有关规定以及《学生伤害事故处理办法》处理。

第九章　附　则

第六十五条　中等职业学校学生实习劳动的安全管理办法另行制定。

第六十六条　本办法自2006年9月1日起施行。

幼儿园教育指导纲要（试行）

教育部关于印发《幼儿园教育指导纲要（试行）》的通知

教基〔2001〕20号

各省、自治区、直辖市教育厅（教委）、新疆生产建设兵团教委，部属师范大学：

为进一步贯彻第三次全国教育工作会议和全国基础教育工作会议精神，落实《国务院关于基础教育改革与发展的决定》，推进幼儿园实施素质教育，全面提高幼儿园教育质量，现将《幼儿园教育指导纲要（试行）》（以下简称《纲要》）印发给你们，从2001年9月起试行，并就贯彻实施《纲要》的有关问题通知如下：

一、《纲要》是根据党的教育方针和《幼儿园工作规程》（以下简称《规程》）制定的，是指导广大幼儿教师将《规程》的教育思想和观念转化为教育行为的指导性文件。各地教育行政部门要对《纲要》的实施工作给予充分重视，认真抓好。

要积极利用多种宣传媒介，采取多种形式，广泛、深入地宣传《纲要》，使广大幼儿教育工作者、幼儿家长以及社会人士都能了解《纲要》的指导思想和基本要求。

要通过多种形式的学习和培训，认真组织各级教育行政部门负责幼儿教育工作的行政人员、教研人员、幼儿园园长和教师学习和理解《纲要》，以有效地依据《纲要》的指导思想和基本要求，根据儿童发展的实际需要，制订教育计划和组织教育活动，进一步更新教育观念，提高教育技能。

二、贯彻实施《纲要》，要坚持因地制宜、实事求是的原则，认真制订本地贯彻《纲要》的实施方案。应从具体情况出发，切忌搞"一刀切"。各地可采取先试点的方法，对不同地区、不同类型、不同条件的幼儿园，分别提出不同的要求，待取得经验后逐步推开。

三、设有学前教育专业的高等师范院校和幼儿师范学校要认真、深入地学习《纲要》的精神，改革现行学前教育课程和师资培养方式，并主动配合教育行政部门做好贯彻实施《纲要》的宣传和培训工作。

四、各地在实施《纲要》的过程中，要注意不断研究和解决出现的困难和问题，要注意总结积累经验，并及时反映给我部。

1981年颁发的《幼儿园教育纲要（试行草案）》同时废止。

中华人民共和国教育部
二〇〇一年七月二日

第一部分 总 则

一、为贯彻《中华人民共和国教育法》、《幼儿园管理条例》

和《幼儿园工作规程》，指导幼儿园深入实施素质教育，特制定本纲要。

二、幼儿园教育是基础教育的重要组成部分，是我国学校教育和终身教育的奠基阶段。城乡各类幼儿园都应从实际出发，因地制宜地实施素质教育，为幼儿一生的发展打好基础。

三、幼儿园应与家庭、社区密切合作，与小学相互衔接，综合利用各种教育资源，共同为幼儿的发展创造良好的条件。

四、幼儿园应为幼儿提供健康、丰富的生活和活动环境，满足他们多方面发展的需要，使他们在快乐的童年生活中获得有益于身心发展的经验。

五、幼儿园教育应尊重幼儿的人格和权利，尊重幼儿身心发展的规律和学习特点，以游戏为基本活动，保教并重，关注个别差异，促进每个幼儿富有个性的发展。

第二部分　教育内容与要求

幼儿园的教育内容是全面的、启蒙性的，可以相对划分为健康、语言、社会、科学、艺术等五个领域，也可作其它不同的划分。各领域的内容相互渗透，从不同的角度促进幼儿情感、态度、能力、知识、技能等方面的发展。

一、健康

（一）目标

1. 身体健康，在集体生活中情绪安定、愉快；

2. 生活、卫生习惯良好，有基本的生活自理能力；

3. 知道必要的安全保健常识，学习保护自己；

4. 喜欢参加体育活动，动作协调、灵活。

（二）内容与要求

1. 建立良好的师生、同伴关系，让幼儿在集体生活中感到温暖，心情愉快，形成安全感、信赖感。

2. 与家长配合，根据幼儿的需要建立科学的生活常规。培养幼儿良好的饮食、睡眠、盥洗、排泄等生活习惯和生活自理能力。

3. 教育幼儿爱清洁、讲卫生，注意保持个人和生活场所的整洁和卫生。

4. 密切结合幼儿的生活进行安全、营养和保健教育，提高幼儿的自我保护意识和能力。

5. 开展丰富多彩的户外游戏和体育活动，培养幼儿参加体育活动的兴趣和习惯，增强体质，提高对环境的适应能力。

6. 用幼儿感兴趣的方式发展基本动作，提高动作的协调性、灵活性。

7. 在体育活动中，培养幼儿坚强、勇敢、不怕困难的意志品质和主动、乐观、合作的态度。

（三）指导要点

1. 幼儿园必须把保护幼儿的生命和促进幼儿的健康放在工作的首位。树立正确的健康观念，在重视幼儿身体健康的同时，要高度重视幼儿的心理健康。

2. 既要高度重视和满足幼儿受保护、受照顾的需要，又要尊重和满足他们不断增长的独立要求，避免过度保护和包办代替，鼓励并指导幼儿自理、自立的尝试。

3. 健康领域的活动要充分尊重幼儿生长发育的规律，严禁以任何名义进行有损幼儿健康的比赛、表演或训练等。

4. 培养幼儿对体育活动的兴趣是幼儿园体育的重要目标，要根据幼儿的特点组织生动有趣、形式多样的体育活动，吸引幼儿主动参与。

二、语言

（一）目标

1. 乐意与人交谈，讲话礼貌；

2. 注意倾听对方讲话，能理解日常用语；

3. 能清楚地说出自己想说的事；

4. 喜欢听故事、看图书；

5. 能听懂和会说普通话。

（二）内容与要求

1. 创造一个自由、宽松的语言交往环境，支持、鼓励、吸引幼儿与教师、同伴或其他人交谈，体验语言交流的乐趣，学习使用适当的、礼貌的语言交往。

2. 养成幼儿注意倾听的习惯，发展语言理解能力。

3. 鼓励幼儿大胆、清楚地表达自己的想法和感受，尝试说明。描述简单的事物或过程，发展语言表达能力和思维能力。

4. 引导幼儿接触优秀的儿童文学作品，使之感受语言的丰富和优美，并通过多种活动帮助幼儿加深对作品的体验和理解。

5. 培养幼儿对生活中常见的简单标记和文字符号的兴趣。

6. 利用图书、绘画和其他多种方式，引发幼儿对书籍、阅读和书写的兴趣，培养前阅读和前书写技能。

7. 提供普通话的语言环境，帮助幼儿熟悉、听懂并学说普通话。少数民族地区还应帮助幼儿学习本民族语言。

(三) 指导要点

1. 语言能力是在运用的过程中发展起来的，发展幼儿语言的关键是创设一个能使他们想说、敢说、喜欢说、有机会说并能得到积极应答的环境。

2. 幼儿语言的发展与其情感、经验、思维、社会交往能力等其它方面的发展密切相关，因此，发展幼儿语言的重要途径是通过互渗透的各领域的教育，在丰富多彩的活动中去扩展幼儿的经验，提供促进语言发展的条件。

3. 幼儿的语言学习具有个别化的特点，教师与幼儿的个别交流、幼儿之间的自由交谈等，对幼儿语言发展具有特殊意义。

4. 对有语言障碍的儿童要给予特别关注，要与家长和有关方面密切配合，积极地帮助他们提高语言能力。

三、社会

(一) 目标

1. 能主动地参与各项活动，有自信心；

2. 乐意与人交往，学习互助、合作和分享，有同情心；

3. 理解并遵守日常生活中基本的社会行为规则；

4. 能努力做好力所能及的事，不怕困难，有初步的责任感；

5. 爱父母长辈、老师和同伴，爱集体、爱家乡、爱祖国。

(二) 内容与要求

1. 引导幼儿参加各种集体活动，体验与教师、同伴等共同生活的乐趣，帮助他们正确认识自己和他人，养成对他人、社会亲近、合作的态度，学习初步的人际交往技能。

2. 为每个幼儿提供表现自己长处和获得成功的机会，增强其自尊心和自信心。

3. 提供自由活动的机会，支持幼儿自主地选择、计划活动，鼓励他们通过多方面的努力解决问题，不轻易放弃克服困难的尝试。

4. 在共同的生活和活动中，以多种方式引导幼儿认识、体验并理解基本的社会行为规则，学习自律和尊重他人。

5. 教育幼儿爱护玩具和其他物品，爱护公物和公共环境。

6. 与家庭、社区合作，引导幼儿了解自己的亲人以及与自己生活有关的各行各业人们的劳动，培养其对劳动者的热爱和对劳动成果的尊重。

7. 充分利用社会资源，引导幼儿实际感受祖国文化的丰富与优秀，感受家乡的变化和发展，激发幼儿爱家乡、爱祖国的情感。

8. 适当向幼儿介绍我国各民族和世界其他国家、民族的文化，使其感知人类文化的多样性和差异性，培养理解、尊重、平等的态度。

（三）指导要点

1. 社会领域的教育具有潜移默化的特点。幼儿社会态度和社会情感的培养尤应渗透在多种活动和一日生活的各个环节之中，要创设一个能使幼儿感受到接纳、关爱和支持的良好环境，避免单一呆板的言语说教。

2. 幼儿与成人、同伴之间的共同生活、交往、探索、游戏等，是其社会学习的重要途径。应为幼儿提供人际间相互交往和共同活动的机会和条件，并加以指导。

3. 社会学习是一个漫长的积累过程，需要幼儿园、家庭和社会密切合作，协调一致，共同促进幼儿良好社会性品质的形成。

四、科学

（一）目标

1. 对周围的事物、现象感兴趣，有好奇心和求知欲；

2. 能运用各种感官，动手动脑，探究问题；

3. 能用适当的方式表达、交流探索的过程和结果；

4. 能从生活和游戏中感受事物的数量关系并体验到数学的重要和有趣；

5. 爱护动植物，关心周围环境，亲近大自然，珍惜自然资源，有初步的环保意识。

（二）内容与要求

1. 引导幼儿对身边常见事物和现象的特点、变化规律产生兴趣和探究的欲望。

2. 为幼儿的探究活动创造宽松的环境，让每个幼儿都有机会参与尝试，支持、鼓励他们大胆提出问题，发表不同意见，学会尊重别人的观点和经验。

3. 提供丰富的可操作的材料，为每个幼儿都能运用多种感官、多种方式进行探索提供活动的条件。

4. 通过引导幼儿积极参加小组讨论、探索等方式，培养幼儿合作学习的意识和能力，学习用多种方式表现、交流、分享探索的过程和结果。

5. 引导幼儿对周围环境中的数、量、形、时间和空间等现象产生兴趣，建构初步的数概念，并学习用简单的数学方法解决生活和游戏中某些简单的问题。

6. 从生活或媒体中幼儿熟悉的科技成果入手，引导幼儿感受科学技术对生活的影响，培养他们对科学的兴趣和对科学家的崇敬。

7. 在幼儿生活经验的基础上，帮助幼儿了解自然、环境与人类生活的关系。从身边的小事入手，培养初步的环保意识和行为。

（三）指导要点

1. 幼儿的科学教育是科学启蒙教育，重在激发幼儿的认识兴趣和探究欲望。

2. 要尽量创造条件让幼儿实际参加探究活动，使他们感受科学探究的过程和方法，体验发现的乐趣。

3. 科学教育应密切联系幼儿的实际生活过好，利用身边的事物与现象作为科学探索的对象。

五、艺术

（一）目标

1. 能初步感受并喜爱环境、生活和艺术中的美；

2. 喜欢参加艺术活动，并能大胆地表现自己的情感和体验；

3. 能用自己喜欢的方式进行艺术表现活动。

（二）内容与要求

1. 引导功地接触周围环境和生活中美好的人、事、物，丰富他们的感性经验和审美情趣，激发他们表现美、创造美的情趣。

2. 在艺术活动中面向全体幼儿，要针对他们的不同特点和需要，让每个幼儿都得到美的熏陶和培养。对有艺术天赋的幼儿要注意发展他们的艺术潜能。

3. 提供自由表现的机会，鼓励幼儿用不同艺术形式大胆地表达自己的情感、理解和想象，尊重每个幼儿的想法和创造，肯定和接纳他们独特的审美感受和表现方式，分享他们创造的快乐。

4. 在支持、鼓励幼儿积极参加各种艺术活动并大胆表现的同时，帮助他们提高表现的技能和能力。

5. 指导幼儿利用身边的物品或废旧材料制作玩具、手工艺品等来美化自己的生活或开展其他活动。

6. 为幼儿创设展示自己作品的条件，引导幼儿相互交流、相互欣赏、共同提高。

（三）指导要点

1. 艺术是实施美育的主要途径，应充分发挥艺术的情感教育功能，促进幼儿健全人格的形成。要避免仅仅重视表现技能或艺术活动的结果，而忽视幼儿在活动过程中的情感体验和态度的倾向。

2. 幼儿的创作过程和作品是他们表达自己的认识和情感的重要方式，应支持幼儿富有个性和创造性的表达，克服过分强调技能技巧和标准化要求的偏向。

3. 幼儿艺术活动的能力是在大胆表现的过程中逐渐发展起来的，教师的作用应主要在于激发幼儿感受美、表现美的情趣，丰富他们的审美经验，使之体验自由表达和创造的快乐。在此基础上，根据幼儿的发展状况和需要，对表现方式和技能技巧给予适时、适当的指导。

第三部分 组织与实施

一、幼儿园的教育是为所有在园幼儿的健康成长服务的，要为每一个儿童，包括有特殊需要的儿童提供积极的支持和帮助。

二、幼儿园的教育活动，是教师以多种形式有目的、有计划地引导幼儿生动、活泼、主动活动的教育过程。

三、教育活动的组织与实施过程是教师创造性地开展工作的过程。教师要根据本《纲要》，从本地、本国的条件出发，结合本班幼儿的实际情况，制定切实可行的工作计划并灵活地执行。

四、教育活动目标要以《幼儿园工作规程》和本《纲要》所提出的各领域目标为指导，结合本班幼儿的发展水平、经验和需要来确定。

五、教育活动内容的选择应遵照本《纲要》第二部分的有关条款进行，同时体现以下原则：

（一）既适合幼儿的现有水平，又有一定的挑战性。

（二）既符合幼儿的现实需要，又有利于其长远发展。

（三）既贴近幼儿的生活来选择幼儿感兴趣的事物和问题，又有助于拓展幼儿的经验和视野。

六、教育活动内容的组织应充分考虑幼儿的学习特点和认识规律，各领域的内容要有机联系，相互渗透，注重综合性、趣味性、活动性，寓教育于生活、游戏之中。

七、教育活动的组织形式应根据需要合理安排，因时、因地、因内容、因材料灵活地运用。

八、环境是重要的教育资源，应通过环境的创设和利用，有效地促进幼儿的发展。

（一）幼儿园的空间、设施、活动材料和常规要求等应有利于引发、支持幼儿的游戏和各种探索活动，有利于引发、支持幼儿与周围环境之间积极的相互作用。

（二）幼儿同伴群体及幼儿园教师集体是宝贵的教育资源，应充分发挥这一资源的作用。

（三）教师的态度和管理方式应有助于形成安全、改革的心理环境；言行举止应成为幼儿学习的良好榜样。

（四）家庭是幼儿园重要的合作伙伴。应本着尊重、平等、合作的原则，争取家长的理解、支持和主动参与，并积极支持、帮助家长提高教育能力。

（五）充分利用自然环境和社区的教育资源，扩展幼儿生活和学习的空间。幼儿园同时应为社区的早期教育提供服务。

九、科学、合理地安排和组织一日生活。

（一）时间安排应有相对的稳定性与灵活性，既有利于形成秩序，又能满足幼儿的合理需要，照顾到个体差异。

（二）教师直接指导的活动和间接指导的活动相结合，保证幼儿每天有适当的自主选择和自由活动时间。教师直接指导的集体活动要能保证幼儿的积极参与，避免时间的隐性浪费。

（三）尽量减少不必要的集体行动和过渡环节，减少和消除消极等待现象。

（四）建立良好的常规，避免不必要的管理行为，逐步引导幼儿学习自我管理。

十、教师应成为幼儿学习活动的支持者、合作者、引导者。

（一）以关怀、接纳、尊重的态度与幼儿交往。耐心倾听，努力理解幼儿的想法与感受，支持、鼓励他们大胆探索与表达。

（二）善于发现幼儿感兴趣的事物、游戏和偶发事件中所隐含的教育价值，把握时机，积极引导。

（三）关注幼儿在活动中的表现和反应，敏感地察觉他们的需要，及时以适当的方式应答，形成合作探究式的师生互动。

（四）尊重幼儿在发展水平、能力、经验、学习方式等方面的个体差异，因人施教，努力使每一个幼儿都能获得满足和成功。

（五）关注幼儿的特殊需要，包括各种发展潜能和不同发展障碍，与家庭密切配合，共同促进幼儿健康成长。

十一、幼儿园教育要与0—3岁儿童的保育教育以及小学教育相互衔接。

第四部分 教育评价

一、教育评价是幼儿园教育工作的重要组成部分，是了解教育的适宜性、有效性，调整和改进工作，促进每一个幼儿发展，提高教育质量的必要手段。

二、管理人员、教师、幼儿及其家长均是幼儿园教育评价工作的参与者。评价过程是各方共同参与、相互支持与合作的过程。

三、评价的过程，是教师运用专业知识审视教育实践，发现、分析、研究、解决问题的过程，也是其自我成长的重要途径。

四、幼儿园教育工作评价实行以教师自评为主，园长以及有关管理人员、其他教师和家长等参与评价的制度。

五、评价应自然地伴随着整个教育过程进行。综合采用观察、谈话、作品分析等多种方法。

六、幼儿的行为表现和发展变化具有重要的评价意义，教师应视之为重要的评价信息和改进工作的依据。

七、教育工作评价宜重点考察以下方面：

（一）教育计划和教育活动的目标是否建立在了解本班幼儿现状的基础上。

（二）教育的内容、方式、策略、环境条件是否能调动幼儿学习的积极性。

（三）教育过程是否能为幼儿提供有益的学习经验，并符合其发展需要。

（四）教育内容、要求能否兼顾群体需要和个体差异，使每个幼儿都能得到发展，都有成功感。

（五）教师的指导是否有利于幼儿主动、有效地学习。

八、对幼儿发展状况的评估，要注意：

（一）明确评价的目的是了解幼儿的发展需要，以便提供更加适宜的帮助和指导。

（二）全面了解幼儿的发展状况，防止片面性，尤其要避免只重知识和技能，忽略情感、社会性和实际能力的倾向。

（三）在日常活动与教育教学过程中采用自然的方法进行。平时观察所获的具有典型意义的幼儿行为表现和所积累的各种作品等，是评价的重要依据。

（四）承认和关注幼儿的个体差异，避免用划一的标准评价不同的幼儿，在幼儿面前慎用横向的比较。

（五）以发展的眼光看待幼儿，既要了解现有水平，更要关注其发展的速度、特点和倾向等。

教育部关于在中小学幼儿园广泛深入开展节约教育的意见

教基一〔2013〕5号

各省、自治区、直辖市教育厅（教委），新疆生产建设兵团教育局：

为贯彻落实中央关于厉行勤俭节约、反对铺张浪费的精神，今年1-2月教育部印发了《关于做好2013年春季开学工作的通知》（教办〔2013〕1号）和《关于勤俭节约办教育建设节约型校园的通知》（教发〔2013〕4号），对教育系统厉行节约工作作出部署。各地和学校正在积极行动，采取很多措施贯彻落实。鉴于中小学、幼儿园节约教育的特殊重要性，现提出如下意见。

一、充分认识节约教育的重要意义

勤俭节约是中华民族的传统美德，是社会文明进步的重要标志。我国处于社会主义初级阶段，资源缺乏，贫困人口多，对青少年儿童进行勤俭节约教育，使他们从小养成勤俭节约思想意识和行为习惯，不仅有利于他们自身的健康成长，而且会影响家庭和社会，关系到国家和民族的未来。加强节约教育意义重大，刻不容缓。

二、全面持续开展"光盘行动"

各地要把节约粮食教育作为节约教育的重中之重，切实抓紧抓好，务求成效。每所学校、幼儿园都要制订防止餐桌浪费的具体办法，并真正落到实处。寄宿制学校尤其要加强食堂的精细化、人性化管理，提倡小份多次管饱的文明用餐方式。中小学要加强学生自我教育和管理，普遍设立"学生文明就餐监督员"。通过努力，彻底杜绝舌尖上的浪费，让节约粮食光荣、浪费粮食可耻的观念深入人心。

三、全员参与勤俭节约体验活动

各地中小学要组织学生开展以勤俭节约为主题的体验活动。组织学生到节粮、节水、环保等方面的社会实践基地，观察了解节粮节水节能的知识和方法，开展相关研究性学习。组织开展餐饮消费、办公用纸、家庭用水等情况的社会调查。城市学校要在每个学段至少安排一次农业生产劳动，农村学校要普及校园种植养殖，建立"学校+农户试验田"，坚持"绿色证书"制度，让学生获得劳动的切身体验，认识到粒粒皆辛苦，从而真正形成尊重劳动人民和劳动成果的思想感情。

四、将节俭行为纳入综合素质评价

各校要结合实际，制定详细的评价办法，将学生日常节俭行为习惯养成情况作为重要指标，纳入到学生综合素质评价，与评优评先结合起来。组织开展学生"节约之星"争创活动，发挥榜样作用，激励学生参与节约行动。

五、建立健全学校节约教育制度

中小学要在学校管理各个环节体现节约要求，自觉抵制奢侈浪费行为。编制学校年度节约计划，推广使用节能的照明、采暖、电教等设备设施。结合中小学生守则和日常行为规范，建立健全各种规章制度，细化勤俭节约条款。各地要将节约教育开展情况作为考核校长、教师的重要内容，并与教师绩效工资挂钩。校长、教师要以身作则，在勤俭节约方面为学生做出表率。

六、加强节约教育督导检查

各级教育督导机构要将地方和学校开展节约教育、建设节约型校园情况纳入教育督导指标体系，并开展经常性督导检查。每学期都要开展节约教育专项督导检查。将督导结果向社会公布，对开展节约教育不力的地方和学校要予以通报，对存在严重浪费现象的地方和学校要责成有关部门严肃处理。

七、加大节约教育宣传力度

各级教育部门要主动会同宣传部门充分利用各种媒体，组织节约教育专题报道，形成宣传声势，营造良好舆论氛围。要对开展节约教育好的地方和学校及时大力推介。各地要设立举报电话和举报平台，认真受理举报，对浪费现象严重的地方和学校，一经查实，要予以曝光。

各级教育部门和中小学、幼儿园要高度重视节约教育工作，迅速行动起来，认真部署安排，制定具体方案，引导广大中小学生和幼儿园幼儿从我做起、从身边小事做起，让勤俭节约蔚然成风。

中华人民共和国教育部

2013 年 3 月 21 日

少年儿童校外教育机构工作规程

国家教育委员会　文化部
国家体育运动委员会　全国总工会
共青团中央　全国妇女联合会
中国科学技术协会
关于颁发《少年儿童校外教育机构工作规程》的通知
教基〔1995〕14号

各省、自治区、直辖市教委、教育厅、文教办（教卫委）、文化厅（局）、体委、工会、团委、妇联、科协，北京、天津市教育局，新疆生产建设兵团教委：

　　为贯彻《中国教育改革和发展纲要》及其实施意见和《九十年代中国儿童发展规划纲要》等文件精神，适应当前改革开放新形势的需要，切实加强少年儿童校外教育工作，国家教委、文化部、国家体委、全国总工会、共青团中央、全国妇联、中国科协等单位共同研究，对《少年宫工作条例》（试行）进行了修订，并改名为《少年儿童校外教育机构工作规程》，现印发给你们，请各有关单位贯彻执行。各地可根据本地本部门的实际情况，制定实施细则，并将试行情况及时加以总结，报中央各主管部门。

国家教育委员会
中华人民共和国文化部
国家体育运动委员会
全国总工会
共青团中央
全国妇女联合会
中国科学技术协会
一九九五年六月二十一日

（1995年6月21日国家教育委员会等七部门颁发；根据2010年12月13日中华人民共和国教育部令第30号修改）

第一章 总 则

第一条 为了加强对少年儿童校外教育机构的管理，促进少年儿童校外教育事业健康发展，制定本规程。

第二条 本规程所称少年儿童校外教育机构（以下简称"校外教育机构"）是指少年宫、少年之家（站）、儿童少年活动中心、农村儿童文化园、儿童乐园、少年儿童图书馆（室）、少年科技馆、少年儿童艺术馆、少年儿童业余艺校、少年儿童野外营地、少年儿童劳动基地,和以少年儿童为主要服务对象的青少年宫、青少年活动中心、青少年科技中心(馆、站)、妇女儿童活动中心中少年儿童活动部分等。

第三条 校外教育机构基本任务是通过多种形式向少年儿童进行以爱祖国、爱人民、爱劳动、爱科学、爱社会主义为基本内容的思想品德教育;普及科学技术、文化艺术、体育卫生、劳动技术等方面知识;培养他们多方面的兴趣、爱好和特长;培养他们独立思考、动手动脑、勇于实践和创新的精神,促进少年儿童全面发展,健康成长。

第四条 校外教育机构工作应当遵循以下原则:

(一)面向全体少年儿童,面向学校,面向少先队,实行学校、家庭、社会相结合;

(二)德、智、体诸方面的教育应相互渗透,有机结合;

(三)遵循少年儿童身心发展规律,符合少年儿童的特点,寓教育性、知识性、科学性、趣味性于活动之中;

(四)普及与提高相结合。在重视和搞好普及性教育活动的同时,对有特长的少年儿童加强培养和训练,使其健康发展。

第五条 地方各级政府要对校外教育机构的工作进行宏观协调和指导。各级各类校外教育机构的业务工作,应接受当地各主管部门的指导。

第六条 国家鼓励企业、事业组织、社会团体及其他社会组织和公民个人,依法举办各种形式、内容和层次的校外教育机构或捐助校外教育事业。

第二章　机　构

第七条　设立校外教育机构应具备以下基本条件：

（一）具有符合少年儿童活动需要的活动场地和设施；

（二）具有合格的专职管理人员和专（兼）职辅导教师队伍；

（三）具有卫生、美观的活动环境、活动室采光条件；场馆内有防火、防毒、防盗、安全用电等防护措施。

第八条　设立少年儿童校外教育机构，应报当地主管行政部门批准。当地主管行政部门应报上一级主管行政部门备案。

独立设置的校外教育机构符合法人条件的，自批准之日起取得法人资格。

第九条　校外教育机构一般应由行政领导、后勤供应、群众文化、教育活动、专业培训及少先队工作指导（限少年宫）等部门组成，以满足少年儿童校外教育工作的需要。

第十条　校外教育机构实行主任（馆、校、园长）负责制。主任（馆、校、园长）在主管部门领导下，依据本规程负责领导本单位的全面工作。

机构内部可设立管理委员会，管委会由辅导员、教练员、管理后勤等人员代表组成，主任（馆长、校长）任管理委员会主任。

管理委员会负责制定工作计划、人员奖惩、重要财务开支、规章制度建立以及其他重要问题。

不设管理委员会的单位，上述事项由全体教职工会议议定。

第十一条　校外教育机构应加强内部的科学管理和民主管理。按机构规模及工作性质建立岗位责任制以及财务管理、考勤考绩、检查评估、总结评比、表彰奖励等规章制度。

第三章　活　动

第十二条　校外教育机构开展各项活动不得以营利为目的，不得以少年儿童表演为手段，进行经营性展览、演出等活动。

第十三条　校外教育机构的活动应当包括以下基本内容：

（一）思想品德教育，应结合国内外大事、重大纪念日、民族传统节日、古今中外名人故事、新时期各行各业英雄模范先进人物的事迹对少年儿童进行爱国主义、集体主义和社会主义思想教育，近代史、现代史教育和国情教育，良好意志品格、遵纪守法和讲文明、有礼貌的行为习惯教育。

（二）科学技术知识普及教育，应通过组织开展科普知识传授、发明创造、科技制作、科学实验等活动，向少年儿童传递科学技术的新信息。引导他们从小爱科学、学科学、用科学。培养创新、献身、求实、协作的科学精神和严谨的科学态度。增强他们的科技意识和培养良好的科学素质。

（三）体育运动，应通过田径、球类、游泳、体操、武术、模型、无线电、棋艺和多种多样的军事体育运动的知识和技能技巧，培养他们勇敢、坚强、活泼的性格和健康的体魄。

（四）文化艺术教育，应通过课外读物、影视、音乐、舞蹈、戏剧、绘画、书法、工艺制作以及集邮、摄影等活动培养少年儿童具有正确的审美观念和审美能力，陶冶情操，提高文化艺术素养。

（五）游戏娱乐，应因地制宜地开展少年儿童喜闻乐见的、多种多样的活动，并要努力创造条件，建立多种游艺设施，让少年儿童愉快地玩乐。

（六）劳动与社会实践活动，凡有劳动实践基地的少年儿童校外教育机构，应按国家教委颁发的劳动教育纲要提出的各项要求，组织开展各种劳动实践活动。向学生进行热爱劳动、热爱劳动人民、热爱劳动成果和不怕苦、不怕脏、不怕累的教育，培养自立、自强品格，促进少年儿童全面发展。

第十四条 校外教育机构的活动可采取以下形式：

（一）开展群众性教育活动是面向广大少年儿童开展教育的一种重要形式。应根据少年儿童的特点，选择鲜明的主题，采取生动活泼的形式，如：举办展览、讲座，组织联欢、演出，开展各项比赛、夏（冬）令营以及各种社会实践活动，对学生进行有效的教育。

（二）开放适合少年儿童的各种活动场所。通过参加活动，开发智力，培养少年儿童的各种兴趣，使他们身心健康成长。

（三）组织专业兴趣小组。通过对少年儿童进行专业知识的传授和技能技巧的培训，使他们初步掌握一门科技、文艺、体育、社会服务等技能。

第十五条 社会公共文化体育设施应向少年儿童开放，安排内容丰富、健康向上的活动项目，并按有关规定对少年儿童实行减、免收费及其他优惠。

第十六条 博物馆、展览馆、图书馆、工人文化宫、艺术馆、文化馆（站）、体育场（馆）、科技馆、影剧院、园林、遗址、烈士陵园以及社会单位办的宫、馆、家、站等,可参照本规程规定的有关内容组织少年儿童活动。

第四章 人 员

第十七条 校外教育机构工作人员应当拥护和坚持党的基本路线,热爱校外教育事业,热爱少年儿童,遵守教师职业道德规范,努力钻研专业知识,不断提高专业文化水平,身体健康。

第十八条 校外教育机构按照编制标准设主任(馆、校、园长)、副主任(副馆、校、园长)、辅导员(教师、教练员)和其他工作人员。

第十九条 校外教育机构主任(馆、校、园长)除应符合本规程第十七条的要求外,还应具有一定组织管理能力和实际工作经验,其学历要求可按当地具体聘任文件执行。

校外教育机构主任(馆、校、园长)由主管部门任命或聘任。

第二十条 校外教育机构主任(馆、校、园长)负责本单位的全面工作。其主要职责是:

(一)贯彻执行国家的有关法律、法规、方针、政策和上级主管部门的规定;

(二)负责本机构的行政管理工作;

(三)负责组织制定并执行本单位各种规章制度;

(四)负责聘任、调配工作人员,指导教师、教练员、辅导员和其他工作人员的工作;

（五）加强全员的思想政治工作，组织政治、业务学习，并为他们的政治、文化、业务进修创造条件；

（六）管理和规划机构内各项设施、经费的合理利用。

第二十一条 少年儿童校外教育机构教师应依照《教师法》的规定取得教师资格。校外教育机构教师实行聘任制或任命制。

第二十二条 少年儿童校外教育机构教师应履行《教师法》规定的义务，做到：

（一）关心、爱护少年儿童，尊重他们的人格，促进他们在品德、智力、体质等方面全面发展；

（二）制止有害于少年儿童的行为或者其他侵犯少年儿童合法权益的行为，批评和抵制有害于少年儿童健康成长的现象；

（三）对本单位工作提出建议。

第二十三条 校外教育机构其他工作人员的资格和职责，参照国家的有关规定执行。

第二十四条 校外教育机构应重视工作人员的职前培训并为在职培训创造条件。

第二十五条 校外教育机构要主动争取各级各类关心下一代工作委员会（协会）中的老干部、老专家、老文艺工作者、老科技工作者、老教师、老工人、老党员、老模范等老同志的支持，定期和不定期的聘请他们做少年儿童校外教育专、兼职辅导员。

第五章 条件保障

第二十六条 校外教育机构建设应纳入城乡建设发展规划，

分步实施，逐步形成地、市、区（县）到街道（乡、镇）的校外教育网络。

第二十七条　校外教育机构的经费应列入各主管部门财政专项开支，随着当地经济建设和校外教育事业的发展，不断增加。

第二十八条　校外教育机构的工作人员的工资待遇、职称评定等，要按《教师法》及国家有关规定执行。属于教育事业编制、成建制的校外教育机构中的教师依照《教师法》规定执行。

第二十九条　校外教育机构在不影响正常教育活动下，不削弱骨干力量、不占用主要活动场地，并经当地主管部门批准，可适当开展社会服务，其收入应全部用于补充活动经费。

第六章　奖励与处罚

第三十条　对滋扰校外教育机构工作秩序，破坏校外教育活动设施的，有关部门应予制止，并依照《治安管理处罚法》的规定追究当事人法律责任。

第三十一条　校外教育机构有下列情形之一的，由当地主管行政部门给予警告，限期改正、整顿，以至停办等处罚：

（一）未经批准，擅自设立校外教育机构的；

（二）校外教育机构开展的活动内容不健康，损害少年儿童身心健康的；

（三）校外教育机构开展活动以营利为目的的。

对主要责任人员，由所在单位或上级主管行政部门给予相应的行政处分；情节严重，构成犯罪的依法追究刑事责任。

第三十二条 各级人民政府及其有关主管部门，对开展少年儿童校外教育活动成绩突出的校外教育机构和个人给予表彰和奖励。

对关心、支持少年儿童校外教育工作，贡献较大的企业事业单位，社会团体及个人，由各级人民政府及其有关部门给予表彰和奖励。

第七章 附 则

第三十三条 各省、自治区、直辖市有关部门，可根据当地的具体情况，制定实施办法。

第三十四条 本规程自公布之日起施行。

附 录

关于改进和加强少年儿童校外教育工作的意见

教基（1991）14号

各省、自治区、直辖市教育委员会、教育厅（局）、广播电视厅（局）文化厅（局）、工会、团委、妇联、科协、上海电影局：

少年儿童校外教育是社会主义教育事业的重要组成部分，少年儿童校外教育机构、场所是社会主义精神文明建设的重要阵地。《中共中央关于教育体制改革的决定》提出了"学校教育和学校外、学校后教育并举"的方针，进一步明确指出了校外教育在社会主义教育中的地位和作用。多年来，在党中央关于"全党全社会都来关心少年儿童健康成长"的号召下，在各级党委和政府的领导、社会各方面的支持和积极努力下，我国少年儿童校外教育事业健康发展；各级各类校外教育机构在配合学校教育，丰富少年儿童课外生活，培养他们全面发展方面起了积极作用；一支热爱少年儿童、热爱校外教育事业、勤恳努力、艰苦创业的专兼职校外教育工作者队伍初步形成。实践证明，充分发挥少年儿童校外教育的作用，有利于促使少年儿童在德、智、体、美、劳诸方面生动活泼地、主动地得到发展；有利于把校内外教育结合起来，丰富和充实少年儿童的课余生活，培养高尚的道德情操和良好的遵守社会公共生活准则的习惯，抵制资本主义、封建主义腐朽思想的影响；有利于充分调动少年儿童的主动性、积极性和创造性，培养和发展他们各方面的兴趣、爱好和特长；有利于从小培养他们勤动手、善思考的良好习惯，使他们在实践中增长才干。

但是，我国校外教育工作同培养有理想、有道德、有文化、有纪律的一代新人的要求还有很大差距，基础薄弱、发展不平衡；有些部门的领导对校外教育工作的作用和重要性还缺乏足够的认识；实际工作中业务指导思想问题没有完全解决；活动设施有待改善、充实；干部和辅导员队伍还不够稳定，素质亟待提高。为了切实加强少年儿童校外教育工作，特提出以下意见：

一、动员和依靠社会各方面力量，发展校外教育事业。

校外教育事业具有地方性和群众性，在地方人民政府投资兴办的同时，也要依靠各部门、各单位和社会各方面的力量来办，多种渠道，多种形式，多方集资，因地制宜，积极创造条件，逐步扩大校外教育活动阵地。校外教育事业目前的发展重点在城市和经济发展快、基础比较好的农村地区，应逐步形成从地、市、区（县）到街道（乡、镇）的校外教育网络。广大农村地区可根据实际情况，积极兴办校外教育活动场所。

二、端正业务指导思想，为全体少年儿童服务。

少年儿童校外教育工作必须坚持四项基本原则，认真贯彻教育必须为社会主义现代化服务，必须同生产劳动相结合，培养德、智、体全面发展的建设者和接班人的方针。它的培养目标与学校教育是一致的,它对少年儿童的教育是通过丰富多彩的、教育性、实践性、趣味性、灵活性很强的活动来实现的、它同样是要为培养有理想、有道德、有文化、有纪律,热爱社会主义祖国和社会主义事业,具有为国家富强和人民富裕而艰苦奋斗的献身精神,不断追求新知,具有实事求是、独立思考、勇于创造的科学精神的社会主义建设者和各级各类人才,打下初步的基础。

少年儿童校外教育工作,要全面贯彻党的教育方针,不仅要通过各种活动给少年儿童以科学技术、文学艺术、体育等方面的各种知识,培养各方面的技能技巧和才干,而且还要十分重视对少年儿童加强以爱祖国、爱人民、爱劳动、爱科学、爱社会主义为基本内容的思想品德教育。当前要特别强调对学生进行近、现代史教育和国情教育,寓爱国主义、社会主义、革命传统、理想、纪律、劳动等方面的教育于各项活动之中,培养学生逐步树立远大理想,立志长大为社会主义建设贡献自己的聪明才智;培养心中有他人,心中有人民,心中有集体,心中有祖国的思想感情;培养文明礼貌、热爱劳动、勤俭节约、不怕困难、积极进取、勇于创造、诚实谦虚、团结友爱、讲民主、守纪律、有毅力、讲信誉等良好品德。

少年儿童校外教育工作和活动,必须有利于少年儿童身心的健康发展,符合少年儿童生理、心理发展的规律,根据少年儿童的年龄特点、知识水平、理解能力、兴趣爱好、身体条件,研究当代少年儿童的思想特点,采用少年儿童喜闻乐见的形式去吸引和教育他们,注意防止成人化,不断改进教育内容和方法。

少年儿童校外教育工作要面向全体少年儿童，面向学校，面向少先队，要照顾到残疾儿童和学龄前儿童，正确处理好普及和提高的关系。成建制的少年儿童校外教育机构既要积极开展丰富多彩的阵地活动，又要对学校开展的课外、校外活动加以指导，并提供有利条件；既要搞好各种类型的小组活动，又要积极开展群众性的教育活动；既要对少数有特长的少年儿童加强培养训练，又要对多数有各种兴趣爱好的少年儿童进行辅导。要防止只抓少数"尖子"，忽视多数和只热衷于各种名目的竞赛等倾向。

少年儿童校外教育工作必须从我国国情出发，从各地的实际情况出发，因地制宜，扎扎实实，讲求实效，充分利用现有的人力物力，提高校外教育阵地的利用率，以取得更大的社会效益。要特别强调和充分发挥各级各类校外教育机构的教育功能，不得以盈利为目的开办各种商业性活动场所。要积极争取各方面的支持，努力改善活动条件，增添活动设施，还要从当地经济条件出发，充分发挥各地优势，办出自己的特色。

三、加强少年儿童校外教育工作队伍的建设。

加强少年儿童校外教育专职和兼职队伍的建设，提高辅导员和干部的素质，是搞好校外教育工作的可靠保证。应挑选热爱少年儿童、热爱校外教育事业、思想品德好、作风正派、富有开创精神、有一定专业知识、教育工作经验和组织管理能力的人员从事校外教育工作。要加强对他们的培养和训练，可采取办短训班、讲座、组织参加电视、广播、函授教育及脱产进修、观摩学习等多种形式，不断提高他们的政治、文化、业务水平。各地教育行政学院、教育学院、师范院校、团校、妇女干部院校等单位都应积极承担培训校外教育工作者的任务,科技、文化等有关单位也可创造条件对校外辅导员进行业务培训。

少年儿童校外教育机构的辅导员与其它工作人员的工资待遇、职称评定等,要按劳动人事部门的有关规定执行,属于教育事业编制、成建制的少年儿童校外教育机构工作人员与中、小学教职工享受同等待遇;在评选先进时也应与中、小学教师同等对待。其专职教师(辅导员)可以按统一规定实行教龄津贴。

要加强校外教育工作的科学研究。少年儿童校外教育的组织管理、设置布局、活动设施、教育内容和方法都需要在多年实践的基础上总结提高。要从我国的国情出发,本着继承、发展、改革、创新的精神,继承好传统,研究新问题,使科学研究与指导当前工作紧密结合起来。

四、齐抓共管,各司其责,切实加强校外教育工作的领导。

少年儿童校外教育工作要在各级政府的领导下,各部门加强协调,密切配合,齐抓共管,各级有关部门要有领导同志分管这项工作,并指定专人负责,有条件的地区可设专门管理机构或办事机构,定期研究工作,交流经验,并切实解决一些实际问题,随着我国经济建设的发展,要逐步增加经费。已列入各部门事业经费开支的,应随着整个工作经费的增加而不断增加。

校外教育活动设施和场所(如少年宫、少年儿童活动中心、少年科技中心(馆、站)、艺术馆、儿童影剧院、儿童公园、少年儿童图书馆、阅览室、少年体校等)的建设要列入各地城镇建设的规划,使之布局合理;对原有校外教育阵地应不断改善活动条件，添置、更新活动设施和器材设备；新建的活动阵地要将青年和少年儿童分开，以便于加强和开展适合少年儿童特点的校外教育活动。

各级各类校外教育机构的行政领导由各主办单位负责，教育、文化、共青团、妇联和科协等部门要加强业务指导、不断提高活动质量。一九八七年，国家教委、团中央、全国妇联、中国科协颁发了《少年宫（家）工作条例》。各地少年宫（含少年之家和以少年儿童为主要服务对象的青少年宫）、儿童少年活动中心，少年科技中心（馆站）都应结合各自实际情况，按照《条例》的各项要求严格执行。

国家教委、广播电影电视部
中华人民共和国文化部、全国总工会
共青团中央、全国妇联、中国科协
一九九一年八月五日

现代远程教育校外学习中心（点）暂行管理办法

教育部办公厅关于印发《现代远程教育校外学习中心（点）暂行管理办法》的通知

教高厅〔2003〕2号

各省、自治区、直辖市教育厅（教委），新疆生产建设兵团教委，各现代远程教育试点高等学校：

为了加强现代远程教育校外学习中心（点）的管理，进一步规范现代远程教育教学支持服务活动，我部制定了《现代远程教育校外学习中心（点）暂行管理办法》，现印发你们，请认真贯彻执行。请将执行中的有关情况及时报告我部。

中华人民共和国教育部
2003年3月14日

第一条 为加强现代远程教育校外学习中心（点）〔以下简称校外学习中心（点）〕的管理，进一步规范现代远程教育教学支持服务活动，特制定本办法。

第二条 本办法所称校外学习中心（点）是指经教育部批准开展现代远程教育试点的高等学校（以下简称试点高校）自建自用或共建共享的校外学习中心（点），以及经教育部批准开展现代远程教育教学支持服务的社会公共服务体系（以下简称公共服务体系）所建设的校外学习中心（点）。

第三条 校外学习中心（点）是接受试点高校的委托，根据试点高校统一要求和工作安排，配合试点高校进行招生宣传、生源组织、学生学习支持、学籍和日常管理，开展现代远程教育支持服务的机构。校外学习中心（点）不得从事以独立办学为目的的各类教学活动和发放各类毕业证书或培训资格证书，不得从事任何与现代远程教育支持服务无关的经营性活动。校外学习中心（点）不得下设分支机构性质的其它校外学习中心（点）。

第四条 校外学习中心（点）依托建设的单位应当具有事业或企业法人资格，具备从事教育或相关服务资格，能独立承担相应的法律责任。

第五条 拟设立的校外学习中心（点）应当具备下列条件：

（一）有符合支持服务要求的专职管理人员、服务人员和技术人员，保证试点高校的教学实施和对学生的辅导工作，保证设备的正常运转。

（二）有相对独立场所，教学服务设施齐备和相对集中，学习环境优良。

（三）具有百兆以上局域网条件，并与 CHINANET 或 CERNET 等国家公用的传输网络连接，至少有512K以上的接入带宽；具有功能和数量符合教学要求的专用服务器；为使用通讯卫星开展远程教育的试点高校提供支持服务的校外学习中心（点）应当具备经有关部门批准使用的、能够接收现代远程教育试点高校信息的卫星接收设备。实现在局域网上存储和共享教学信息。

（四）具有符合教学要求的多媒体网络教室，配备联网多媒体计算机、视频投影机或大屏幕投影电视、双向视频教学系统、不间断电源等设备。联网多媒体计算机数量保证每 6 个学生不少于一台，总数量不少于 50 台。

（五）具有以下功能的相应的远程教育教学软件：

向学生提供试点高校的教育资源，支持学生以多种形式实现有效的学习。

支持教师、学生在互联网上搜索和传递信息。

对学生学习过程和教师教学过程进行监控与管理。

（六）符合国家与地方有关安全、消防、卫生等方面的要求。

第六条 设立校外学习中心（点）应当由试点高校或公共服务体系向校外学习中心（点）所在地省级教育行政部门提出申请并报送以下材料：

（一）拟设立校外学习中心（点）的类别、层次、设置地点、通信地址、邮政编码、负责人身份证复印件、联系人、联系电话及电子邮件信箱等以及依托建设的单位的概况、法人证明复印件等。

（二）拟设立的校外学习中心（点）的管理方式、学习支持服务、学习支持队伍和信息安全保障措施。

（三）拟设立的校外学习中心（点）的学习场地、配套设施、网络环境及其它必要的条件与设施、资金等证明材料。

（四）试点高校设立自建自用或共建共享的校外学习中心（点）应当提供教育部批准开展现代远程教育试点的文件以及试

点高校在本地区实施现代远程教育的方案和委托协议。公共服务体系设立校外学习中心（点）应当提供教育部批准开展现代远程教育教学支持服务的文件。

第七条 试点高校或公共服务体系设立校外学习中心（点）由校外学习中心（点）所在地省级教育行政部门审批。省级教育行政部门在每年3月和10月受理申请，并在收到申请后的30天内做出答复。各省级教育行政部门定期将批准设立的校外学习中心（点）报教育部备案并向社会公布。

第八条 校外学习中心（点）应执行试点高校有关现代远程教育的各项规章制度，依法维护试点高校知识产权。

第九条 校外学习中心（点）应当遵守国家计算机与网络安全管理条例，有专人负责计算机网络、有线电视及其它通信网络的信息安全，配备网络安全设施和相关的系统软件，防止非法信息的传入和扩散，防止计算机病毒攻击等人为破坏。

第十条 试点高校设立、指导和管理校外学习中心（点）的情况，是评估试点高校现代远程教育工作的重要内容。

省级教育行政部门负责对所管辖的校外学习中心（点）的监督、检查和评估。评估不合格的校外学习中心（点），应当要求其进行整改或取消其支持服务的资格，并将处理意见报教育部备案。试点高校应当做好有关善后工作。

第十一条 本办法自公布之日起实行，现行文件中与本办法相冲突的，以本办法为准。

中华人民共和国国防教育法

中华人民共和国主席令
第五十二号

《中华人民共和国国防教育法》已由中华人民共和国第九届全国人民代表大会常务委员会第二十一次会议于2001年4月28日通过,现予公布,自公布之日起施行。

中华人民共和国主席　江泽民
2001年4月28日

第一章　总　则

第一条　为了普及和加强国防教育,发扬爱国主义精神,促进国防建设和社会主义精神文明建设,根据国防法和教育法,制定本法。

第二条 国防教育是建设和巩固国防的基础,是增强民族凝聚力、提高全民素质的重要途径。

第三条 国家通过开展国防教育,使公民增强国防观念,掌握基本的国防知识,学习必要的军事技能,激发爱国热情,自觉履行国防义务。

第四条 国防教育贯彻全民参与、长期坚持、讲求实效的方针,实行经常教育与集中教育相结合、普及教育与重点教育相结合、理论教育与行为教育相结合的原则,针对不同对象确定相应的教育内容分类组织实施。

第五条 中华人民共和国公民都有接受国防教育的权利和义务。

普及和加强国防教育是全社会的共同责任。

一切国家机关和武装力量、各政党和各社会团体、各企业事业组织以及基层群众性自治组织,都应当根据各自的实际情况组织本地区、本部门、本单位开展国防教育。

第六条 国务院领导全国的国防教育工作。中央军事委员会协同国务院开展全民国防教育。

地方各级人民政府领导本行政区域内的国防教育工作。驻地军事机关协助和支持地方人民政府开展国防教育。

第七条 国家国防教育工作机构规划、组织、指导和协调全国的国防教育工作。

县级以上地方负责国防教育工作的机构组织、指导、协调和检查本行政区域内的国防教育工作。

第八条 教育、民政、文化宣传等部门,在各自职责范围内负责国防教育工作。

征兵、国防科研生产、国民经济动员、人民防空、国防交通、军事设施保护等工作的主管部门,依照本法和有关法律、法规的规定,负责国防教育工作。

工会、共产主义青年团、妇女联合会以及其他有关社会团体,协助人民政府开展国防教育。

第九条 中国人民解放军、中国人民武装警察部队按照中央军事委员会的有关规定开展国防教育。

第十条 国家支持、鼓励社会组织和个人开展有益于国防教育的活动。

第十一条 国家和社会对在国防教育工作中作出突出贡献的组织和个人,采取各种形式给予表彰和奖励。

第十二条 国家设立全民国防教育日。

第二章 学校国防教育

第十三条 学校的国防教育是全民国防教育的基础,是实施素质教育的重要内容。

教育行政部门应当将国防教育列入工作计划,加强对学校国防教育的组织、指导和监督,并对学校国防教育工作定期进行考核。

第十四条 小学和初级中学应当将国防教育的内容纳入有关课程,将课堂教学与课外活动相结合,对学生进行国防教育。

有条件的小学和初级中学可以组织学生开展以国防教育为主题的少年军校活动。教育行政部门、共产主义青年团组织和其他有关部门应当加强对少年军校活动的指导与管理。

小学和初级中学可以根据需要聘请校外辅导员，协助学校开展多种形式的国防教育活动。

第十五条 高等学校、高级中学和相当于高级中学的学校应当将课堂教学与军事训练相结合，对学生进行国防教育。

高等学校应当设置适当的国防教育课程，高级中学和相当于高级中学的学校应当在有关课程中安排专门的国防教育内容，并可以在学生中开展形式多样的国防教育活动。

高等学校、高级中学和相当于高级中学的学校学生的军事训练，由学校负责军事训练的机构或者军事教员按照国家有关规定组织实施。军事机关应当协助学校组织学生的军事训练。

第十六条 学校应当将国防教育列入学校的工作和教学计划，采取有效措施，保证国防教育的质量和效果。

学校组织军事训练活动，应当采取措施，加强安全保障。

第十七条 负责培训国家工作人员的各类教育机构，应当将国防教育纳入培训计划，设置适当的国防教育课程。

国家根据需要选送地方和部门的负责人到有关军事院校接受培训，学习和掌握履行领导职责所必需的国防知识。

第三章　社会国防教育

第十八条 国家机关应当根据各自的工作性质和特点，采取多种形式对工作人员进行国防教育。

国家机关工作人员应当具备基本的国防知识。从事国防建设事业的国家机关工作人员，必须学习和掌握履行职责所必需的国防知识。

各地区、各部门的领导人员应当依法履行组织、领导本地区、本部门开展国防教育的职责。

第十九条 企业事业组织应当将国防教育列入职工教育计划，结合政治教育、业务培训、文化体育等活动，对职工进行国防教育。

承担国防科研生产、国防设施建设、国防交通保障等任务的企业事业组织，应当根据所担负的任务，制定相应的国防教育计划，有针对性地对职工进行国防教育。

社会团体应当根据各自的活动特点开展国防教育。

第二十条 军区、省军区（卫戍区、警备区）、军分区（警备区）和县、自治县、市、市辖区的人民武装部按照国家和军队的有关规定，结合政治教育和组织整顿、军事训练、执行勤务、征兵工作以及重大节日、纪念日活动，对民兵、预备役人员进行国防教育。

民兵、预备役人员的国防教育，应当以基干民兵、第一类预备役人员和担任领导职务的民兵、预备役人员为重点，建立和完善制度，保证受教育的人员、教育时间和教育内容的落实。

第二十一条 城市居民委员会、农村村民委员会应当将国防教育纳入社区、农村社会主义精神文明建设的内容，结合征兵工作、拥军优属以及重大节日、纪念日活动，对居民、村民进行国防教育。

城市居民委员会、农村村民委员会可以聘请退役军人协助开展国防教育。

第二十二条 文化、新闻、出版、广播、电影、电视等部门和单位应当根据形势和任务的要求，采取多种形式开展国防教育。

中央和省、自治区、直辖市以及设区的市的广播电台、电视台、报刊应当开设国防教育节目或者栏目，普及国防知识。

第二十三条 烈士陵园、革命遗址和其他具有国防教育功能的博物馆、纪念馆、科技馆、文化馆、青少年宫等场所，应当为公民接受国防教育提供便利，对有组织的国防教育活动实行优惠或者免费；依照本法第二十八条的规定被命名为国防教育基地的，应当对有组织的中小学生免费开放；在全民国防教育日向社会免费开放。

第四章　国防教育的保障

第二十四条 各级人民政府应当将国防教育纳入国民经济和社会发展计划，并根据开展国防教育的需要，在财政预算中保障国防教育所需的经费。

第二十五条 国家机关、事业单位、社会团体开展国防教育所需的经费，在本单位预算经费内列支；企业开展国防教育所需经费，在本单位职工教育经费中列支。

学校组织学生军事训练所需的经费，按照国家有关规定执行。

第二十六条 国家鼓励社会组织和个人捐赠财产，资助国防教育的开展。

社会组织和个人资助国防教育的财产，由依法成立的国防教育基金组织或者其他公益性社会组织依法管理。

国家鼓励社会组织和个人提供或者捐赠所收藏的具有国防教育意义的实物用于国防教育。使用单位对提供使用的实物应当妥善保管，使用完毕，及时归还。

第二十七条 国防教育经费和社会组织、个人资助国防教育的财产，必须用于国防教育事业，任何单位或者个人不得挪用、克扣。

第二十八条 本法第二十三条规定的场所，具备下列条件的，经省、自治区、直辖市人民政府批准，可以命名为国防教育基地：

（一）有明确的国防教育主题内容；

（二）有健全的管理机构和规章制度；

（三）有相应的国防教育设施；

（四）有必要的经费保障；

（五）有显著的社会教育效果。

国防教育基地应当加强建设，不断完善，充分发挥国防教育的功能。被命名的国防教育基地不再具备前款规定条件的，由原批准机关撤销命名。

第二十九条 各级人民政府应当加强对国防教育基地的规划、建设和管理，并为其发挥作用提供必要的保障。

各级人民政府应当加强对具有国防教育意义的文物的收集、整理、保护工作。

第三十条 全民国防教育使用统一的国防教育大纲。国防教育大纲由国家国防教育工作机构组织制定。

适用于不同地区、不同类别教育对象的国防教育教材，由有关部门或者地方依据国防教育大纲并结合本地区、本部门的特点组织编写。

第三十一条 各级国防教育工作机构应当组织、协调有关部门做好国防教育教员的选拔、培训和管理工作,加强国防教育师资队伍建设。

国防教育教员应当从热爱国防教育事业、具有基本的国防知识和必要的军事技能的人员中选拔。

第三十二条 中国人民解放军和中国人民武装警察部队应当根据需要和可能,为驻地有组织的国防教育活动选派军事教员,提供必要的军事训练场地、设施以及其他便利条件。

在国庆节、中国人民解放军建军节和全民国防教育日,经批准的军营可以向社会开放。军营开放的办法由中央军事委员会规定。

第五章 法律责任

第三十三条 国家机关、社会团体、企业事业组织以及其他社会组织违反本法规定,拒不开展国防教育活动的,由人民政府有关部门或者上级机关给予批评教育,并责令限期改正;拒不改正,造成恶劣影响的,对负有直接责任的主管人员依法给予行政处分。

第三十四条 违反本法规定,挪用、克扣国防教育经费的,由有关主管部门责令限期归还;对负有直接责任的主管人员和其他直接责任人员依法给予行政处分;构成犯罪的,依法追究刑事责任。

第三十五条 侵占、破坏国防教育基地设施、损毁展品的,由有关主管部门给予批评教育,并责令限期改正;有关责任人应当依法承担相应的民事责任。

有前款所列行为，违反治安管理规定的，由公安机关依法给予治安管理处罚；构成犯罪的，依法追究刑事责任。

第三十六条　寻衅滋事，扰乱国防教育工作和活动秩序的，或者盗用国防教育名义骗取钱财的，由有关主管部门给予批评教育，并予以制止；违反治安管理规定的，由公安机关依法给予治安管理处罚；构成犯罪的，依法追究刑事责任。

第三十七条　负责国防教育的国家工作人员玩忽职守、滥用职权、徇私舞弊的，依法给予行政处分；构成犯罪的，依法追究刑事责任。

第六章　附　　则

第三十八条　本法自公布之日起施行。

全国普法学习读本

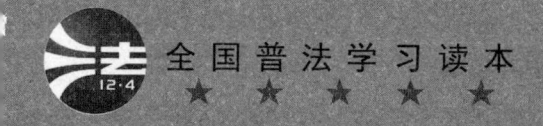

职业特殊教育法律法规学习读本
职业教育综合法律法规

叶浦芳　主编

加大全民普法力度，建设社会主义法治文化，树立宪法法律至上、法律面前人人平等的法治理念。
——中国共产党第十九次全国代表大会《决胜全面建成小康社会 夺取新时代中国特色社会主义伟大胜利》

汕头大学出版社

图书在版编目（CIP）数据

职业教育综合法律法规/叶浦芳主编. -- 汕头：汕头大学出版社（2021.7重印）

（职业特殊教育法律法规学习读本）

ISBN 978-7-5658-3328-1

Ⅰ.①职… Ⅱ.①叶… Ⅲ.①职业教育-教育法-中国-学习参考资料 Ⅳ.①D922.164

中国版本图书馆CIP数据核字（2018）第000738号

职业教育综合法律法规　ZHIYE JIAOYU ZONGHE FALÜ FAGUI

主　　编：	叶浦芳
责任编辑：	汪艳蕾
责任技编：	黄东生
封面设计：	大华文苑
出版发行：	汕头大学出版社
	广东省汕头市大学路243号汕头大学校园内　邮政编码：515063
电　　话：	0754-82904613
印　　刷：	三河市南阳印刷有限公司
开　　本：	690mm×960mm 1/16
印　　张：	18
字　　数：	226千字
版　　次：	2018年1月第1版
印　　次：	2021年7月第2次印刷
定　　价：	59.60元（全2册）

ISBN 978-7-5658-3328-1

版权所有，翻版必究

如发现印装质量问题，请与承印厂联系退换

前 言

习近平总书记指出:"推进全民守法,必须着力增强全民法治观念。要坚持把全民普法和守法作为依法治国的长期基础性工作,采取有力措施加强法制宣传教育。要坚持法治教育从娃娃抓起,把法治教育纳入国民教育体系和精神文明创建内容,由易到难、循序渐进不断增强青少年的规则意识。要健全公民和组织守法信用记录,完善守法诚信褒奖机制和违法失信行为惩戒机制,形成守法光荣、违法可耻的社会氛围,使遵法守法成为全体人民共同追求和自觉行动。"

中共中央、国务院曾经转发了中央宣传部、司法部关于在公民中开展法治宣传教育的规划,并发出通知,要求各地区各部门结合实际认真贯彻执行。通知指出,全民普法和守法是依法治国的长期基础性工作。深入开展法治宣传教育,是全面建成小康社会和新农村的重要保障。

普法规划指出:各地区各部门要根据实际需要,从不同群体的特点出发,因地制宜开展有特色的法治宣传教育坚持集中法治宣传教育与经常性法治宣传教育相结合,深化法律进机关、进乡村、进社区、进学校、进企业、进单位的"法律六进"主题活动,完善工作标准,建立长效机制。

特别是农业、农村和农民问题,始终是关系党和人民事业发展的全局性和根本性问题。党中央、国务院发布的《关于推进社会主义新农村建设的若干意见》中明确提出要"加强农村法制建设,深入开展农村普法教育,增强农民的法制观念,提高农民依法行使权利和履行义务的自觉性。"多年普法实践证明,普及法律知识,提高法制观念，增强全社会依法办事意识具有重要作用。特别是在广大农村进行普法教育，是提高全民法律素质的需要。

多年来，我国在农村实行的改革开放取得了极大成功，农村发生了翻天覆地的变化，广大农民生活水平大大得到了提高。但是，由于历史和社会等原因，现阶段我国一些地区农民文化素质还不高，不学法、不懂法、不守法现象虽然较原来有所改变，但仍有相当一部分群众的法制观念仍很淡化，不懂、不愿借助法律来保护自身权益，这就极易受到不法的侵害，或极易进行违法犯罪活动，严重阻碍了全面建成小康社会和新农村步伐。

为此，根据党和政府的指示精神以及普法规划，特别是根据广大农村农民的现状，在有关部门和专家的指导下，特别编辑了这套《全国普法学习读本》。主要包括了广大人民群众应知应懂、实际实用的法律法规。为了辅导学习，附录还收入了相应法律法规的条例准则、实施细则、解读解答、案例分析等；同时为了突出法律法规的实际实用特点，兼顾地方性和特殊性，附录还收入了部分某些地方性法律法规以及非法律法规的政策文件、管理制度、应用表格等内容，拓展了本书的知识范围，使法律法规更"接地气"，便于读者学习掌握和实际应用。

在众多法律法规中，我们通过甄别，淘汰了废止的，精选了最新的、权威的和全面的。但有部分法律法规有些条款不适应当下情况了，却没有颁布新的，我们又不能擅自改动，只得保留原有条款，但附录却有相应的补充修改意见或通知等。众多法律法规根据不同内容和受众特点，经过归类组合，优化配套。整套普法读本非常全面系统，具有很强的学习性、实用性和指导性，非常适合用于广大农村和城乡普法学习教育与实践指导。总之，是全国全民普法的良好读本。

目　　录

中华人民共和国职业教育法

第一章　总　则 …………………………………………（1）
第二章　职业教育体系 …………………………………（3）
第三章　职业教育的实施 ………………………………（4）
第四章　职业教育的保障条件 …………………………（6）
第五章　附　则 …………………………………………（8）
附　录
　国务院关于加快发展现代职业教育的决定 ……………（9）
　教育部关于进一步推进职业教育信息化发展的指导意见 …（21）
　教育部关于深入推进职业教育集团化办学的意见 ………（28）
　关于建立完善以改革和绩效为导向的生均拨款制度
　　加快发展现代高等职业教育的意见 ………………（34）
　教育部关于深化职业教育教学改革全面提高
　　人才培养质量的若干意见 …………………………（40）
　中等职业学校免学费补助资金管理办法 ………………（50）
　中等职业学校国家助学金管理办法 ……………………（54）
　中等职业学校新型职业农民培养方案试行 ……………（58）
　现代职业教育质量提升计划专项资金管理办法 ………（73）
　国家邮政局　教育部关于加快发展邮政行业职业教育的
　　指导意见 ………………………………………………（77）

国家旅游局　教育部关于加快发展现代旅游职业教育的
　　指导意见 ……………………………………………（85）
交通运输部　教育部关于加快发展现代交通运输
　　职业教育的若干意见 ………………………………（92）

职业院校教师素质提高计划项目管理办法

第一章　总　则 ……………………………………………（103）
第二章　职责分工 …………………………………………（104）
第三章　组织实施 …………………………………………（105）
第四章　过程管理 …………………………………………（107）
第五章　经费管理 …………………………………………（109）
第六章　督查评估 …………………………………………（110）
第七章　附　则 ……………………………………………（110）
附　录
　　教育部　财政部关于实施职业院校教师素质提高计划
　　（2017—2020年）的意见 …………………………（111）

职业学校教师企业实践规定

第一章　总　则 ……………………………………………（120）
第二章　内容和形式 ………………………………………（121）
第三章　组织与管理 ………………………………………（122）
第四章　保障措施 …………………………………………（123）
第五章　考核与奖惩 ………………………………………（124）
第六章　附　则 ……………………………………………（125）

职业学校学生实习管理规定

第一章　总　则 …………………………………………（127）

第二章　实习组织 …………………………………………（128）

第三章　实习管理 …………………………………………（130）

第四章　实习考核 …………………………………………（134）

第五章　安全职责 …………………………………………（134）

第六章　附　则 ……………………………………………（136）

中华人民共和国职业教育法

中华人民共和国主席令
第六十九号

《中华人民共和国职业教育法》已由中华人民共和国第八届全国人民代表大会常务委员会第十九次会议于 1996 年 5 月 15 日通过，现予公布，自 1996 年 9 月 1 日起施行。

中华人民共和国主席　江泽民
1996 年 5 月 15 日

第一章　总　则

第一条　为了实施科教兴国战略，发展职业教育，提高劳动者素质，促进社会主义现代化建设，根据教育法和劳动法，制定本法。

第二条 本法适用于各级各类职业学校教育和各种形式的职业培训。国家机关实施的对国家机关工作人员的专门培训由法律、行政法规另行规定。

第三条 职业教育是国家教育事业的重要组成部分，是促进经济、社会发展和劳动就业的重要途径。

国家发展职业教育，推进职业教育改革，提高职业教育质量，建立、健全适应社会主义市场经济和社会进步需要的职业教育制度。

第四条 实施职业教育必须贯彻国家教育方针，对受教育者进行思想政治教育和职业道德教育，传授职业知识，培养职业技能，进行职业指导，全面提高受教育者的素质。

第五条 公民有依法接受职业教育的权利。

第六条 各级人民政府应当将发展职业教育纳入国民经济和社会发展规划。

行业组织和企业、事业组织应当依法履行实施职业教育的义务。

第七条 国家采取措施，发展农村职业教育，扶持少数民族地区、边远贫困地区职业教育的发展。

国家采取措施，帮助妇女接受职业教育，组织失业人员接受各种形式的职业教育，扶持残疾人职业教育的发展。

第八条 实施职业教育应当根据实际需要，同国家制定的职业分类和职业等级标准相适应，实行学历证书、培训证书和职业资格证书制度。

国家实行劳动者在就业前或者上岗前接受必要的职业教育的制度。

第九条　国家鼓励并组织职业教育的科学研究。

第十条　国家对在职业教育中作出显著成绩的单位和个人给予奖励。

第十一条　国务院教育行政部门负责职业教育工作的统筹规划、综合协调、宏观管理。

国务院教育行政部门、劳动行政部门和其他有关部门在国务院规定的职责范围内，分别负责有关的职业教育工作。

县级以上地方各级人民政府应当加强对本行政区域内职业教育工作的领导、统筹协调和督导评估。

第二章　职业教育体系

第十二条　国家根据不同地区的经济发展水平和教育普及程度，实施以初中后为重点的不同阶段的教育分流，建立、健全职业学校教育与职业培训并举，并与其他教育相互沟通、协调发展的职业教育体系。

第十三条　职业学校教育分为初等、中等、高等职业学校教育。

初等、中等职业学校教育分别由初等、中等职业学校实施；高等职业学校教育根据需要和条件由高等职业学校实施，或者由普通高等学校实施。其他学校按照教育行政部门的统筹规划，可以实施同层次的职业学校教育。

第十四条　职业培训包括从业前培训、转业培训、学徒培训、在岗培训、转岗培训及其他职业性培训，可以根据实际情况分为初级、中级、高级职业培训。

职业培训分别由相应的职业培训机构、职业学校实施。

其他学校或者教育机构可以根据办学能力，开展面向社会的、多种形式的职业培训。

第十五条 残疾人职业教育除由残疾人教育机构实施外，各级各类职业学校和职业培训机构及其他教育机构应当按照国家有关规定接纳残疾学生。

第十六条 普通中学可以因地制宜地开设职业教育的课程，或者根据实际需要适当增加职业教育的教学内容。

第三章 职业教育的实施

第十七条 县级以上地方各级人民政府应当举办发挥骨干和示范作用的职业学校、职业培训机构，对农村、企业、事业组织、社会团体、其他社会组织及公民个人依法举办的职业学校和职业培训机构给予指导和扶持。

第十八条 县级人民政府应当适应农村经济、科学技术、教育统筹发展的需要，举办多种形式的职业教育，开展实用技术的培训，促进农村职业教育的发展。

第十九条 政府主管部门、行业组织应当举办或者联合举办职业学校、职业培训机构，组织、协调、指导本行业的企业、事业组织举办职业学校、职业培训机构。

国家鼓励运用现代化教学手段，发展职业教育。

第二十条 企业应当根据本单位的实际，有计划地对本单位的职工和准备录用的人员实施职业教育。

企业可以单独举办或者联合举办职业学校、职业培训机构，也可以委托学校、职业培训机构对本单位的职工和准备录用的人员实施职业教育。

从事技术工种的职工，上岗前必须经过培训；从事特种作业的职工必须经过培训，并取得特种作业资格。

第二十一条 国家鼓励事业组织、社会团体、其他社会组织及公民个人按照国家有关规定举办职业学校、职业培训机构。

境外的组织和个人在中国境内举办职业学校、职业培训机构的办法，由国务院规定。

第二十二条 联合举办职业学校、职业培训机构，举办者应当签订联合办学合同。

政府主管部门、行业组织、企业、事业组织委托学校、职业培训机构实施职业教育的，应当签订委托合同。

第二十三条 职业学校、职业培训机构实施职业教育应当实行产教结合，为本地区经济建设服务，与企业密切联系，培养实用人才和熟练劳动者。

职业学校、职业培训机构可以举办与职业教育有关的企业或者实习场所。

第二十四条 职业学校的设立，必须符合下列基本条件：

（一）有组织机构和章程；

（二）有合格的教师；

（三）有符合规定标准的教学场所、与职业教育相适应的设施、设备；

（四）有必备的办学资金和稳定的经费来源。

职业培训机构的设立，必须符合下列基本条件：

（一）有组织机构和管理制度；

（二）有与培训任务相适应的教师和管理人员；

（三）有与进行培训相适应的场所、设施、设备；

（四）有相应的经费。

职业学校和职业培训机构的设立、变更和终止，应当按照国家有关规定执行。

第二十五条 接受职业学校教育的学生，经学校考核合格，按照国家有关规定，发给学历证书。接受职业培训的学生，经培训的职业学校或者职业培训机构考核合格，按照国家有关规定，发给培训证书。

学历证书、培训证书按照国家有关规定，作为职业学校、职业培训机构的毕业生、结业生从业的凭证。

第四章　职业教育的保障条件

第二十六条 国家鼓励通过多种渠道依法筹集发展职业教育的资金。

第二十七条 省、自治区、直辖市人民政府应当制定本地区职业学校学生人数平均经费标准；国务院有关部门应当会同国务院财政部门制定本部门职业学校学生人数平均经费标准。职业学校举办者应当按照学生人数平均经费标准足额拨付职业教育经费。

各级人民政府、国务院有关部门用于举办职业学校和职业培训机构的财政性经费应当逐步增长。

任何组织和个人不得挪用、克扣职业教育的经费。

第二十八条 企业应当承担对本单位的职工和准备录用的

人员进行职业教育的费用，具体办法由国务院有关部门会同国务院财政部门或者由省、自治区、直辖市人民政府依法规定。

第二十九条 企业未按本法第二十条的规定实施职业教育的，县级以上地方人民政府应当责令改正；拒不改正的，可以收取企业应当承担的职业教育经费，用于本地区的职业教育。

第三十条 省、自治区、直辖市人民政府按照教育法的有关规定决定开征的用于教育的地方附加费，可以专项或者安排一定比例用于职业教育。

第三十一条 各级人民政府可以将农村科学技术开发、技术推广的经费，适当用于农村职业培训。

第三十二条 职业学校、职业培训机构可以对接受中等、高等职业学校教育和职业培训的学生适当收取学费，对经济困难的学生和残疾学生应当酌情减免。收费办法由省、自治区、直辖市人民政府规定。

国家支持企业、事业组织、社会团体、其他社会组织及公民个人按照国家有关规定设立职业教育奖学金、贷学金，奖励学习成绩优秀的学生或者资助经济困难的学生。

第三十三条 职业学校、职业培训机构举办企业和从事社会服务的收入应当主要用于发展职业教育。

第三十四条 国家鼓励金融机构运用信贷手段，扶持发展职业教育。

第三十五条 国家鼓励企业、事业组织、社会团体、其他社会组织及公民个人对职业教育捐资助学，鼓励境外的组织和个人对职业教育提供资助和捐赠。提供的资助和捐赠，必须用于职业教育。

第三十六条 县级以上各级人民政府和有关部门应当将职业教育教师的培养和培训工作纳入教师队伍建设规划，保证职业教育教师队伍适应职业教育发展的需要。

职业学校和职业培训机构可以聘请专业技术人员、有特殊技能的人员和其他教育机构的教师担任兼职教师。有关部门和单位应当提供方便。

第三十七条 国务院有关部门、县级以上地方各级人民政府以及举办职业学校、职业培训机构的组织、公民个人，应当加强职业教育生产实习基地的建设。

企业、事业组织应当接纳职业学校和职业培训机构的学生和教师实习；对上岗实习的，应当给予适当的劳动报酬。

第三十八条 县级以上各级人民政府和有关部门应当建立、健全职业教育服务体系，加强职业教育教材的编辑、出版和发行工作。

第五章 附 则

第三十九条 在职业教育活动中违反教育法规定的，应当依照教育法的有关规定给予处罚。

第四十条 本法自1996年9月1日起施行。

附 录

国务院关于加快发展现代职业教育的决定

国发〔2014〕19号

(2014年5月2日国务院印发)

各省、自治区、直辖市人民政府,国务院各部委、各直属机构:

近年来,我国职业教育事业快速发展,体系建设稳步推进,培养培训了大批中高级技能型人才,为提高劳动者素质、推动经济社会发展和促进就业作出了重要贡献。同时也要看到,当前职业教育还不能完全适应经济社会发展的需要,结构不尽合理,质量有待提高,办学条件薄弱,体制机制不畅。加快发展现代职业教育,是党中央、国务院作出的重大战略部署,对于深入实施创新驱动发展战略,创造更大人才红利,加快转方式、调结构、促升级具有十分重要的意义。现就加快发展现代职业教育作出以下决定。

一、总体要求

(一)指导思想。以邓小平理论、"三个代表"重要思想、科学发展观为指导,坚持以立德树人为根本,以服务发展为宗旨,以促进就业为导向,适应技术进步和生产方式变革以及社会公共服务的需要，深化体制机制改革，统筹发挥好政府和市场的作用，加快现代职业教育体系建设，深化产教融合、校企合作，培养数以亿计的高素质劳动者和技术技能人才。

（二）基本原则。

——政府推动、市场引导。发挥好政府保基本、促公平作用，着力营造制度环境、制定发展规划、改善基本办学条件、加强规范管理和监督指导等。充分发挥市场机制作用，引导社会力量参与办学，扩大优质教育资源，激发学校发展活力，促进职业教育与社会需求紧密对接。

——加强统筹、分类指导。牢固确立职业教育在国家人才培养体系中的重要位置，统筹发展各级各类职业教育，坚持学校教育和职业培训并举。强化省级人民政府统筹和部门协调配合，加强行业部门对本部门、本行业职业教育的指导。推动公办与民办职业教育共同发展。

——服务需求、就业导向。服务经济社会发展和人的全面发展，推动专业设置与产业需求对接，课程内容与职业标准对接，教学过程与生产过程对接，毕业证书与职业资格证书对接，职业教育与终身学习对接。重点提高青年就业能力。

——产教融合、特色办学。同步规划职业教育与经济社会发展，协调推进人力资源开发与技术进步，推动教育教学改革与产业转型升级衔接配套。突出职业院校办学特色，强化校企协同育人。

——系统培养、多样成才。推进中等和高等职业教育紧密衔接，发挥中等职业教育在发展现代职业教育中的基础性作用，发挥高等职业教育在优化高等教育结构中的重要作用。加强职业教育与普通教育沟通，为学生多样化选择、多路径成才搭建"立交桥"。

（三）目标任务。到2020年，形成适应发展需求、产教深度融合、中职高职衔接、职业教育与普通教育相互沟通，体现终身教育理念，具有中国特色、世界水平的现代职业教育体系。

——结构规模更加合理。总体保持中等职业学校和普通高中招生规模大体相当，高等职业教育规模占高等教育的一半以上，总体教育结构更加合理。到2020年，中等职业教育在校生达到2350万人，专科层次职业教育在校生达到1480万人，接受本科层次职业教育的学生达到一定规模。从业人员继续教育达到3.5亿人次。

——院校布局和专业设置更加适应经济社会需求。调整完善职业院校区域布局，科学合理设置专业，健全专业随产业发展动态调整的机制，重点提升面向现代农业、先进制造业、现代服务业、战略性新兴产业和社会管理、生态文明建设等领域的人才培养能力。

——职业院校办学水平普遍提高。各类专业的人才培养水平大幅提升，办学条件明显改善，实训设备配置水平与技术进步要求更加适应，现代信息技术广泛应用。专兼结合的"双师型"教师队伍建设进展显著。建成一批世界一流的职业院校和骨干专业，形成具有国际竞争力的人才培养高地。

——发展环境更加优化。现代职业教育制度基本建立，政策法规更加健全，相关标准更加科学规范，监管机制更加完善。引导和鼓励社会力量参与的政策更加健全。全社会人才观念显著改善，支持和参与职业教育的氛围更加浓厚。

二、加快构建现代职业教育体系

（四）巩固提高中等职业教育发展水平。各地要统筹做好中等职业学校和普通高中招生工作，落实好职普招生大体相当的要求，加快普及高中阶段教育。鼓励优质学校通过兼并、托管、合作办学等形式，整合办学资源，优化中等职业教育布局结构。推进县级职教中心等中等职业学校与城市院校、科研机构对口合作，实施学历教育、技术推广、扶贫开发、劳动力转移培训和社会生活教育。在保障学生技术技能培养质量的基础上，加强文化基础教育，实现就业有能力、升学有基础。有条件的普通高中要适当增加职业技术教育内容。

（五）创新发展高等职业教育。专科高等职业院校要密切产学研合作，培养服务区域发展的技术技能人才，重点服务企业特别是中小微企业的技术研发和产品升级，加强社区教育和终身学习服务。探索发展本科层次职业教育。建立以职业需求为导向、以实践能力培养为重点、以产学结合为途径的专业学位研究生培养模式。研究建立符合职业教育特点的学位制度。原则上中等职业学校不升格为或并入高等职业院校，专科高等职业院校不升格为或并入本科高等学校，形成定位清晰、科学合理的职业教育层次结构。

（六）引导普通本科高等学校转型发展。采取试点推动、示范引领等方式，引导一批普通本科高等学校向应用技术类型高等学校转型，重点举办本科职业教育。独立学院转设为独立设置高等学校时，鼓励其定位为应用技术类型高等学校。建立高等学校分类体系，实行分类管理，加快建立分类设置、评价、指导、拨款制度。招生、投入等政策措施向应用技术类型高等学校倾斜。

（七）完善职业教育人才多样化成长渠道。健全"文化素质+职业技能"、单独招生、综合评价招生和技能拔尖人才免试等考试招生办法，为学生接受不同层次高等职业教育提供多种机会。在学前教育、护理、健康服务、社区服务等领域，健全对初中毕业生实行中高职贯通培养的考试招生办法。适度提高专科高等职业院校招收中等职业学校毕业生的比例、本科高等学校招收职业院校毕业生的比例。逐步扩大高等职业院校招收有实践经历人员的比例。建立学分积累与转换制度，推进学习成果互认衔接。

（八）积极发展多种形式的继续教育。建立有利于全体劳动者的接受职业教育和培训的灵活学习制度，服务全民学习、终身学习，推进学习型社会建设。面向未升学初高中毕业生、残疾人、失业人员等群体广泛开展职业教育和培训。推进农民继续教育工程，加强涉农专业、课程和教材建设，创新农学结合模式。推动一批县（市、区）在农村职业教育和成人教育改革发展方面发挥示范作用。利用职业院校资源广泛开展职工教育培训。重视培养军地两用人才。退役士兵接受职业教育和培训，按照国家有关规定享受优待。

三、激发职业教育办学活力

（九）引导支持社会力量兴办职业教育。创新民办职业教育办学模式，积极支持各类办学主体通过独资、合资、合作等多种形式举办民办职业教育；探索发展股份制、混合所有制职业院校，允许以资本、知识、技术、管理等要素参与办学并享有相应权利。探索公办和社会力量举办的职业院校相互委托管理和购买服务的机制。引导社会力量参与教学过程，共同开发课程和教材等教育资源。社会力量举办的职业院校与公办职业院校具有同等法律地位，依法享受相关教育、财税、土地、金融等政策。健全政府补贴、购买服务、助学贷款、基金奖励、捐资激励等制度，鼓励社会力量参与职业教育办学、管理和评价。

（十）健全企业参与制度。研究制定促进校企合作办学有关法规和激励政策，深化产教融合，鼓励行业和企业举办或参与举办职业教育，发挥企业重要办学主体作用。规模以上企业要有机构或人员组织实施职工教育培训、对接职业院校，设立学生实习和教师实践岗位。企业因接受实习生所实际发生的与取得收入有关的、合理的支出，按现行税收法律规定在计算应纳税所得额时扣除。多种形式支持企业建设兼具生产与教学功能的公共实训基地。对举办职业院校的企业，其办学符合职业教育发展规划要求的，各地可通过政府购买服务等方式给予支持。对职业院校自办的、以服务学生实习实训为主要目的的企业或经营活动，按照国家有关规定享受税收等优惠。支持企业通过校企合作共同培养培训人才，不断提升企业价值。企业开展职业教育的情况纳入企业社会责任报告。

（十一）加强行业指导、评价和服务。加强行业指导能力建设，分类制定行业指导政策。通过授权委托、购买服务等方式，把适宜行业组织承担的职责交给行业组织，给予政策支持并强化服务监管。行业组织要履行好发布行业人才需求、推进校企合作、参与指导教育教学、开展质量评价等职责，建立行业人力资源需求预测和就业状况定期发布制度。

（十二）完善现代职业学校制度。扩大职业院校在专业设置和调整、人事管理、教师评聘、收入分配等方面的办学自主权。职业院校要依法制定体现职业教育特色的章程和制度，完善治理结构，提升治理能力。建立学校、行业、企业、社区等共同参与的学校理事会或董事会。制定校长任职资格标准，推进校长聘任制改革和公开选拔试点。坚持和完善中等职业学校校长负责制、公办高等职业院校党委领导下的校长负责制。建立企业经营管理和技术人员与学校领导、骨干教师相互兼职制度。完善体现职业院校办学和管理特点的绩效考核内部分配机制。

（十三）鼓励多元主体组建职业教育集团。研究制定院校、行业、企业、科研机构、社会组织等共同组建职业教育集团的支持政策，发挥职业教育集团在促进教育链和产业链有机融合中的重要作用。鼓励中央企业和行业龙头企业牵头组建职业教育集团。探索组建覆盖全产业链的职业教育集团。健全联席会、董事会、理事会等治理结构和决策机制。开展多元投资主体依法共建职业教育集团的改革试点。

（十四）强化职业教育的技术技能积累作用。制定多方参与的支持政策，推动政府、学校、行业、企业联动，促进技术技能的积累与创新。推动职业院校与行业企业共建技术工艺和产品开发中心、实验实训平台、技能大师工作室等，成为国家技术技能积累与创新的重要载体。职业院校教师和学生拥有知识产权的技术开发、产品设计等成果，可依法依规在企业作价入股。

四、提高人才培养质量

（十五）推进人才培养模式创新。坚持校企合作、工学结合，强化教学、学习、实训相融合的教育教学活动。推行项目教学、案例教学、工作过程导向教学等教学模式。加大实习实训在教学中的比重，创新顶岗实习形式，强化以育人为目标的实习实训考核评价。健全学生实习责任保险制度。积极推进学历证书和职业资格证书"双证书"制度。开展校企联合招生、联合培养的现代学徒制试点，完善支持政策，推进校企一体化育人。开展职业技能竞赛。

（十六）建立健全课程衔接体系。适应经济发展、产业升级和技术进步需要，建立专业教学标准和职业标准联动开发机制。推进专业设置、专业课程内容与职业标准相衔接，推进中等和高等职业教育培养目标、专业设置、教学过程等方面的衔接，形成对接紧密、特色鲜明、动态调整的职业教育课程体系。全面实施素质教育，科学合理设置课程，将职业道德、人文素养教育贯穿培养全过程。

（十七）建设"双师型"教师队伍。完善教师资格标准，实施教师专业标准。健全教师专业技术职务（职称）评聘办法，探索在职业学校设置正高级教师职务（职称）。加强校长培训，实行五年一周期的教师全员培训制度。落实教师企业实践制度。政府要支持学校按照有关规定自主聘请兼职教师。完善企业工程技术人员、高技能人才到职业院校担任专兼职教师的相关政策，兼职教师任教情况应作为其业绩考核评价的重要内容。加强职业技术师范院校建设。推进高水平学校和大中型企业共建"双师型"教师培养培训基地。地方政府要比照普通高中和高等学校，根据职业教育特点核定公办职业院校教职工编制。加强职业教育科研教研队伍建设，提高科研能力和教学研究水平。

（十八）提高信息化水平。构建利用信息化手段扩大优质教育资源覆盖面的有效机制，推进职业教育资源跨区域、跨行业共建共享，逐步实现所有专业的优质数字教育资源全覆盖。支持与专业课程配套的虚拟仿真实训系统开发与应用。推广教学过程与生产过程实时互动的远程教学。加快信息化管理平台建设，加强现代信息技术应用能力培训，将现代信息技术应用能力作为教师评聘考核的重要依据。

(十九)加强国际交流与合作。完善中外合作机制,支持职业院校引进国(境)外高水平专家和优质教育资源,鼓励中外职业院校教师互派、学生互换。实施中外职业院校合作办学项目,探索和规范职业院校到国(境)外办学。推动与中国企业和产品"击出去"相配套的职业教育发展模式,注重培养符合中国企业海外生产经营需求的本土化人才。积极参与制定职业教育国际标准,开发与国际先进标准对接的专业标准和课程体系。提升全国职业院校技能大赛国际影响。

五、提升发展保障水平

(二十)完善经费稳定投入机制。各级人民政府要建立与办学规模和培养要求相适应的财政投入制度,地方人民政府要依法制定并落实职业院校生均经费标准或公用经费标准,改善职业院校基本办学条件。地方教育附加费用于职业教育的比例不低于30%。加大地方人民政府经费统筹力度,发挥好企业职工教育训经费以及就业经费、扶贫和移民安置资金等各类资金在职业培训中的作用,提高资金使用效益。县级以上人民政府要建立职业教育经费绩效评价制度、审计监督公告制度、预决算公开制度。

(二十一)健全社会力量投入的激励政策。鼓励社会力量捐资、出资兴办职业教育,拓宽办学筹资渠道。通过公益性社会团体或者县级以上人民政府及其部门向职业院校进行捐赠的,其捐赠按照现行税收法律规定在税前扣除。完善财政贴息贷款等政策,健全民办职业院校融资机制。企业要依法履行职工教育培训和足额提取教育培训经费的责任,一般企业按照职工工资总额的1.5%足额提取教育培训经费,从业人员技能要求高、实训耗材多、培训任务重、经济效益较好的企业可按2.5%提取，其中用于一线职工教育培训的比例不低于60%。除国务院财政、税务主管部门另有规定外，企业发生的职工教育经费支出，不超过工资薪金总额2.5%的部分，准予扣除；超过部分，准予在以后纳税年度结转扣除。对不按规定提取和使用教育培训经费并拒不改正的企业，由县级以上地方人民政府依法收取企业应当承担的职业教育经费，统筹用于本地区的职业教育。探索利用国（境）外资金发展职业教育的途径和机制。

（二十二）加强基础能力建设。分类制定中等职业学校、高等职业院校办学标准，到2020年实现基本达标。在整合现有项目的基础上实施现代职业教育质量提升计划，推动各地建立完善以促进改革和提高绩效为导向的高等职业院校生均拨款制度，引导高等职业院校深化办学机制和教育教学改革；重点支持中等职业学校改善基本办学条件，开发优质教学资源，提高教师素质；推动建立发达地区和欠发达地区中等职业教育合作办学工作机制。继续实施中等职业教育基础能力建设项目。支持一批本科高等学校转型发展为应用技术类型高等学校。地方人民政府、相关行业部门和大型企业要切实加强所办职业院校基础能力建设，支持一批职业院校争创国际先进水平。

（二十三）完善资助政策体系。进一步健全公平公正、多元投入、规范高效的职业教育国家资助政策。逐步建立职业院校助学金覆盖面和补助标准动态调整机制，加大对农林水地矿油核等专业学生的助学力度。有计划地支持集中连片特殊困难地区内限制开发和禁止开发区初中毕业生到省（区、市）内外经济较发达地区接受职业教育。完善面向农民、农村转移劳动力、在职职工、失业人员、残疾人、退役士兵等接受职业教育和培训的资助补贴政策，积极推行以直补个人为主的支付办法。有关部门和职业院校要切实加强资金管理，严查"双重学籍"、"虚假学籍"等问题，确保资助资金有效使用。

（二十四）加大对农村和贫困地区职业教育支持力度。服务国家粮食安全保障体系建设，积极发展现代农业职业教育，建立公益性农民培养培训制度，大力培养新型职业农民。在人口集中和产业发展需要的贫困地区建好一批中等职业学校。国家制定奖补政策，支持东部地区职业院校扩大面向中西部地区的招生规模，深化专业建设、课程开发、资源共享、学校管理等合作。加强民族地区职业教育，改善民族地区职业院校办学条件，继续办好内地西藏、新疆中职班，建设一批民族文化传承创新示范专业点。

（二十五）健全就业和用人的保障政策。认真执行就业准入制度，对从事涉及公共安全、人身健康、生命财产安全等特殊工种的劳动者，必须从取得相应学历证书或职业培训合格证书并获得相应职业资格证书的人员中录用。支持在符合条件的职业院校设立职业技能鉴定所（站），完善职业院校合格毕业生取得相应职业资格证书的办法。各级人民政府要创造平等就业环境，消除城乡、行业、身份、性别等一切影响平等就业的制度障碍和就业歧视；党政机关和企事业单位招用人员不得歧视职业院校毕业生。结合深化收入分配制度改革，促进企业提高技能人才收入水平。鼓励企业建立高技能人才技能职务津贴和特殊岗位津贴制度。

六、加强组织领导

（二十六）落实政府职责。完善分级管理、地方为主、政府统筹、社会参与的管理体制。国务院相关部门要有效运用总体规划、政策引导等手段以及税收金融、财政转移支付等杠杆，加强对职业教育发展的统筹协调和分类指导;地方政府要切实承担主要责任,结合本地实际推进职业教育改革发展,探索解决职业教育发展的难点问题。要加快政府职能转变,减少部门职责交叉和分散,减少对学校教育教学具体事务的干预。充分发挥职业教育工作部门联席会议制度的作用,形成工作合力。

(二十七)强化督导评估。教育督导部门要完善督导评估办法,加强对政府及有关部门履行发展职业教育职责的督导;要落实督导报告公布制度,将督导报告作为对被督导单位及其主要负责人考核奖惩的重要依据。完善职业教育质量评价制度,定期开展职业院校办学水平和专业教学情况评估,实施职业教育质量年度报告制度。注重发挥行业、用人单位作用,积极支持第三方机构开展评估。

(二十八)营造良好环境。推动加快修订职业教育法。按照国家有关规定,研究完善职业教育先进单位和先进个人表彰奖励制度。落实好职业教育科研和教学成果奖励制度,用优秀成果引领职业教育改革创新。研究设立职业教育活动周。大力宣传高素质劳动者和技术技能人才的先进事迹和重要贡献,引导全社会确立尊重劳动、尊重知识、尊重技术、尊重创新的观念,促进形成"崇尚一技之长、不唯学历凭能力"的社会氛围,提高职业教育社会影响力和吸引力。

国务院
2014 年 5 月 2 日

教育部关于进一步推进职业教育信息化发展的指导意见

教职成〔2017〕4号

各省、自治区、直辖市教育厅（教委），各计划单列市教育局，新疆生产建设兵团教育局：

为深入贯彻落实《教育信息化"十三五"规划》，全面提升信息技术支撑和引领职业教育创新发展的能力，加快推进职业教育现代化，现就进一步推进职业教育信息化发展提出如下意见：

一、准确把握进一步推进职业教育信息化发展的重要机遇与基本要求

（一）"十二五"以来，职业教育信息化发展取得了较大的进展。职业教育信息化的战略部署初步形成，基础设施建设进一步加强，管理规范和技术标准不断健全，数字教育资源开发和应用持续深入，教育资源和教育管理平台建设扎实推进，教师信息化意识与能力显著增强。但从总体来看，与国家实施"互联网+"等重大战略的需求相比，与世界数字化、网络化、智能化发展的趋势相比，与实现职业教育现代化的要求相比，职业教育信息化发展水平还亟待提升。进一步推进我国职业教育信息化发展，是适应当今教育改革和信息技术创新应用趋势，如期实现职业教育现代化，为国家经济社会发展提供有力技术技能人才支撑的必然选择和战略举措。

（二）深入学习贯彻习近平总书记系列重要讲话精神，坚持服务全局、突出特色，统筹规划、协调推进，深化应用、融合创新，完善机制、持续发展，努力改善职业教育服务供给方式，提升现代化水平。职业教育信息化工作要围绕经济社会发展大局，主动服务国家重大发展战略，加大云计算、大数据、物联网、虚拟现实/增强现实、人工智能等新技术的应用，体现产教融合、校企合作、工学结合、知行合一等职业教育特色。要适应科技革命和产业革命要求，突出行业与区域特点，注重对薄弱学校的帮扶，推动协调发展。要面向职业教育各领域、各环节，以应用促融合、以融合促创新、以创新促发展，创新教学、服务和治理模式。要探索建立共建共享、开放合作新机制，鼓励行业、企业和社会参与职业教育信息化建设。

（三）到2020年，全面完成《教育信息化"十三五"规划》提出的目标任务。基础能力明显改善，落实"三通两平台"建设要求，90%以上的职业院校建成不低于《职业院校数字校园建设规范》要求的数字校园，各地普遍建立推进职业教育信息化持续健康发展的政策机制；数字教育资源更加丰富，数字教育资源基本覆盖职业院校公共基础课程和各专业领域，政府引导、市场参与的数字教育资源共建共享平台、认证标准和交易机制初步形成；应用水平显著提高，网络学习空间全面普及，线上线下混合教学模式广泛应用，自主、泛在、个性化的学习普遍开展，大数据、云计算等现代信息技术在职业院校决策、管理与服务中的应用水平普遍提升；信息素养全面提升，信息技术应用能力提升培训实现常态化，职业教育行政管理者和院（校）长的信息化领导力、保障支撑队伍的技术服务能力、教师的信息化教学能力和学生的信息素养全面提升。

二、全面落实推进职业教育信息化发展的重点任务

（四）提升职业教育信息化基础能力。广泛宣传和落实《职业院校数字校园建设规范》，采取"政府引导、标准引领、项目示范、分步实施"的方式，推进职业院校数字校园建设。加快建设具有职业教育特色的管理服务与资源服务信息化支撑平台。推动各地建设有线、无线一体化认证，高速、稳定、安全的校园网络，加强数字媒体制作室、数字化教室等教育信息化硬件基础建设，进一步优化职业院校信息化教学环境。在全国遴选推广一批示范性虚拟仿真实训基地，重点解决实训教学中"进不去、看不见、动不了、难再现"的难题。把信息化帮扶纳入职业教育东西协作行动计划，进一步加大政策、资金、技术、人才向中西部职业院校倾斜力度，采取送教上门、资源共享、教师结对等方式开展信息化帮扶，缩小区域间发展差距，实现职业教育信息化建设的均衡发展。

（五）推动优质数字教育资源共建共享。继续推进建设国家级职业教育专业教学资源库，引导各地各职业院校根据区域、行业特点建设和完善省级、校级资源库，突出资源库"能学、辅教"的功能定位。支持行业、企业与职业院校共同建设面向社会服务的企业信息库、岗位技能标准库、人才需求信息库、创新创业案例库等开放资源。根据需要，有序引导各地各职业院校开发基于职场环境与工作过程的虚拟仿真实训资源和个性化自主学习系统。探索建设政府引导、市场参与的数字教育资源共建共享平台，服务课程开发、教学设计、教学实施与教学评价。依托专业机构，建立健全共建共享平台的资源认证标准

和交易机制，进一步扩大优质资源覆盖面，强化优质资源在教育教学中的实际应用。

（六）深化教育教学模式创新。开展信息化环境下的职业教育教学模式创新研究与实践，大力推进信息技术与教育教学深度融合。着力优化人才培养模式，建设适应信息化教学需要的专业课程体系，用信息技术改造传统教学。推进网络学习空间的建设与应用，加强教与学全过程的数据采集和效果分析。鼓励教师充分、合理运用数字教育资源开展教学，解决技能培养中的重点、难点问题。推广远程协作、实时互动、翻转课堂、移动学习等信息化教学模式，最大限度地调动学习者的主观能动性，促进教与学、教与教、学与学的全面互动，进一步提高教学质量与人才培养质量。

（七）加快管理服务平台建设与应用。鼓励职业院校建成集行政、教学、科研、学生和后勤管理于一体的信息服务平台，支持学校实施校企合作信息发布、项目管理、顶岗实习管理、人力资源信息管理、就业信息分析等。推进平安校园、节能校园平台建设，实现对校园安全、能源管理过程跟踪、精准监控和数据分析。推动职业院校加强管理信息化应用，做好信息采集、统计和更新工作，提高管理效能。统筹完善信息化管理服务平台建设，建立统一集中的基础数据库，提高全国职业教育数据共享水平。充分发挥管理信息系统在学籍管理、人员管理、资产及设备管理、日常教学、实习跟踪、流程监控等重点工作中的作用，提高教育行政部门管理、服务与决策水平，推动职业教育治理能力现代化。

（八）提升师生和管理者信息素养。将信息技术应用能力纳入教师评聘考核内容。开展以深度融合信息技术为特点的培训,帮助教师树立正确的信息化教学理念、改进教学方法、提高教学质量,提高教师信息技术应用水平。进一步完善信息化教学大赛制度,国家与地方每年举办职业院校信息化教学大赛,提高参与率,积极转化大赛成果并广泛共享。推动职业院校增加信息技术在基础类课程教学中的应用,加强学生使用信息技术的综合应用训练,提高各专业学生信息化职业能力、数字化学习能力和综合信息素养。开展管理人员教育信息化领导力培训,增强各级教育行政部门、专业机构和职业院校管理者的信息化意识,提升其规划能力、执行能力和评价能力。在职业院校推广建立校领导担任首席信息官(CIO)的制度,全面负责本校信息化工作;建立信息化部门和业务部门的分工协作机制,统筹规划、归口管理。各地要将职业教育管理部门和职业院校的信息化建设效果、信息化发展水平纳入管理者绩效考核。

(九)增强网络与信息安全管控能力。各地各职业院校要按照《网络安全法》等法律法规政策要求,建立主要负责人为第一责任人的网络安全工作体系,落实网络安全责任制。结合职业教育实际,制定并完善相关规章制度,开展多种形式的教育和培训。全面实施信息安全等级保护制度,制定方案,建立多层次网络与信息安全技术防护体系,按需配置网络与信息安全防护设备和软件,构建可信、可控、可查的网络与信息安全技术防护环境。完善各地各职业院校信息公开与发布的流程、职责及相关制度,向社会各界展示成果、提供服务,努力提升职业教育吸引力。各地要制定网络与信息安全应急预案,明确应急处置流程和权限,落实应急处置技术支撑队伍,开展安全应急演练，提高网络与信息安全应急处置能力。

三、着力完善推进职业教育信息化发展的各项保障措施

（十）明确发展责任。各地要把发展职业教育信息化纳入职业教育和教育信息化的总体规划，各地教育行政部门要加强区域统筹，组织、推动、落实、监管职业教育信息化各项工作。职业院校要深化信息技术在人才培养、技术技能传承和促进创新创业中的应用，加强优质数字教育资源的开发和使用。鼓励各类信息技术企业、专业机构、行业组织等积极有序平等参与职业教育信息化建设。支持社会组织开展战略研究，提供政策建议、决策支持和咨询评估。将教育信息化作为职业院校基本办学条件纳入办学评估指标体系并开展督导。引入第三方评测，建立科学的绩效指标体系，形成制度化的评估机制。

（十一）健全工作机制。职业院校要健全信息化工作组织机构，建立信息化运维管理、安全保障、人员培训、经费保障等机制。将信息化教学研究列入职业院校科研课题，将信息化应用能力要求作为教师评聘考核的重要依据。职业院校要重视信息化专门人才的引进和培养，建立和完善信息化人才考评和激励机制，增强专业化技术支撑队伍服务能力。持续开展教育信息化专业人员能力培训，培养一批具有较强能力的信息化人才，形成结构合理的专业队伍。

（十二）调动多方参与。通过生均拨款、专项经费、购买服务等方式，加大财政对职业教育信息化建设与应用的支持力度。充分发挥市场在资源配置中的决定性作用，鼓励社会资本参与职业教育信息化建设。建立健全相关信息化产品与服务的准入机制、知识产权保护机制和利益分配机制，调动参与各方的积极性。

（十三）完善服务保障。鼓励各地各职业院校开展职业教育信息化的政策研究、应用研究以及相关标准规范研究，设立信息技术教育管理和教学改革专项课题，形成一批有利于职业教育信息化发展的研究成果。指导职业院校把信息化发展情况纳入年度质量报告。充分发挥信息化相关专业机构与社会组织的作用，建立信息技术交流及信息化应用推广平台，加强与行业、企业合作，定期举办职业教育信息化创新发展交流、研讨、培训以及典型应用的推广活动。

教育部

2017年8月31日

教育部关于深入推进职业教育集团化办学的意见

教职成〔2015〕4号

各省、自治区、直辖市教育厅（教委），各计划单列市教育局，新疆生产建设兵团教育局，有关单位：

为贯彻落实全国职业教育工作会议精神和《国务院关于加快发展现代职业教育的决定》（国发〔2014〕19号），鼓励多元主体组建职业教育集团，深化职业教育办学体制机制改革，推进现代职业教育体系建设，现就深入推进职业教育集团化办学提出以下意见。

一、充分认识深入推进职业教育集团化办学的重要意义

（一）深刻理解职业教育集团化办学的重要地位。当前，我国正处于全面建成小康社会的决定性阶段和深化改革、加快转变经济发展方式的攻坚时期。落实中央"四个全面"战略布局，职业教育必须加快改革创新，全面提升服务国家战略和人的全面发展的能力。实践证明，开展集团化办学是深化产教融合、校企合作，激发职业教育办学活力，促进优质资源开放共享的重大举措；是提升治理能力，完善职业院校治理结构，健全政府职业教育科学决策机制的有效途径；是推进现代职业教育体系建设，系统培养技术技能人才，完善职业教育人才多样化成长渠道的重要载体；是服务经济发展方式转变，促进技术技能积累与创新，同步推进职业教育与经济社会发展的有力支撑。加快发展现代职业教育，要把深入推进集团化办学作为重要方向。

（二）准确把握职业教育集团化办学面临的形势。近年来，职业教育集团化办学在各地得到快速发展，态势良好，形成了一批有特色、成规模、效果明显、影响广泛的职业教育集团，在资源共享、优势互补、合作育人、合作发展上的优势逐步显现。同时也要看到，职业教育集团化办学基础还比较薄弱，行业企业参与积极性不高、成员合作关系不紧密、管理体制和运行机制不健全、支持与保障政策不完善，集团化办学在促进教育链和产业链有机融合中的重要作用还没有得到充分发挥。各地教育行政部门和职业院校要进一步提高重视程度，积极争取各方面支持和参与，采取切实有效的措施，深入推进职业教育集团化办学。

（三）明确职业教育集团化办学的指导思想和目标任务。职业教育集团化办学要坚持以服务发展为宗旨、促进就业为导向，以建设现代职业教育体系为引领，以提高技术技能人才培养质量为核心，以深化产教融合、校企合作，创新技术技能人才系统培养机制为重点，充分发挥政府推动和市场引导作用，本着加入自愿、退出自由、育人为本、依法办学的原则，鼓励国内外职业院校、行业、企业、科研院所和其他社会组织等各方面力量加入职业教育集团，探索多种形式的集团化办学模式，创新集团治理结构和运行机制，全面增强职业教育集团化办学的活力和服务能力。

——扩大职业教育集团覆盖面。到2020年，职业院校集团化办学参与率进一步提高，规模以上企业参与集团化办学达到一定比例，初步建成300个具有示范引领作用的骨干职业教育集团，建设一批中央企业、行业龙头企业牵头组建的职业教育集团，教育链与产业链融合的局面基本形成。

——健全职业教育集团运行机制。建立和完善集团内部治理结构和决策机制，提升内部聚集能力，促进集团成员的深度合作和协同发展。探索集团内部产权制度改革和利益共享机制建设，开展股份制、混合所有制试点。

——提升职业教育集团服务能力。服务经济发展方式转变、产业结构调整和技术技能人才终身发展需求，大力发展面向现代农业、先进制造业、现代服务业、战略性新兴产业的职业教育集团，大幅提升集团的人才培养水平、经济贡献份额和协同发展能力。

——优化职业教育集团发展环境。强化省级统筹和部门协调配合，完善职业教育集团化办学支持政策，在校企合作、招生就业、对口支援、经费投入、国际合作等方面予以倾斜，形成深入开展集团化办学的良好环境。

二、加快完善职业教育集团化办学的实现形式

（四）积极鼓励多元主体组建职业教育集团。各地教育行政部门要积极争取政府支持，发挥政府对职业教育集团化办学的统筹规划、综合协调、政策保障和监督管理作用。支持示范、骨干职业院校，围绕区域发展规划和产业结构特点，牵头组建面向区域主导产业、特色产业的区域型职业教育集团。支持行业部门、中央企业和行业龙头企业、职业院校，围绕行业人才需求，牵头组建行业型职业教育集团。支持地方之间、行业之间的合作，组建跨区域、跨行业的复合型职业教育集团。积极吸收科研院所和其他社会组织参与职业教育集团，不断增强职业教育集团的整体实力。

（五）规范完善职业教育集团治理结构。省级教育行政部门应主动商有关行业主管部门，对集团的组建、变更、撤销、管理，明确具体工作程序，开展分类指导。中央企业和行业龙头企业组建职业教育集团，可按照属地化管理原则，在省级教育

行政部门备案。职业教育集团应建立联席会、理事会或董事会等，健全工作章程、管理制度、工作程序，设立秘书处等内部工作和协调机构，完善决策、执行、协商、投入、考核、监督等日常工作机制。鼓励集团按照国家有关规定成立社团法人或民办非企业单位法人。探索集团通过土地、房舍、资产、资本、设备、技术等使用权租赁、托管、转让等形式登记企业法人。

（六）建立健全职业教育集团化办学运行机制。职业教育集团要建立健全职责明确、统筹有力、有机衔接、高效运转的运行机制。要健全民主决策和成员单位动态调整机制，保障职业教育集团可持续发展。要强化产教融合、校企合作，推动建设以相关各方"利益链"为纽带，集生产、教学和研发等功能于一体的生产性实训基地和技术创新平台，促进校企双赢发展。要强化校校合作、贯通培养，鼓励应用技术类型高等学校参与职业教育集团化办学，系统培养技术技能人才，广泛开展职业培训，促进人才成长"立交桥"建设。要强化区域合作、城乡一体，支持优质职业教育集团开展跨区域服务，深化招生就业、专业建设、课程开发、资源共享、学校管理等合作，促进区域间职业教育协调发展。

三、全面提升职业教育集团的综合服务能力

（七）提升职业教育集团服务发展方式转变的能力。职业教育集团要服务发展方式转变，协调推进人力资源开发与技术进步，推动教育教学改革与产业转型升级衔接配套。充分发挥职业教育集团成员单位中行业企业的作用，推进办学模式、培养模式、教学模式、评价模式改革，促进产业链、岗位链、教学链深度融合。建立健全专业设置随产业发展动态调整机制，不断适应经济社会对技术技能人才结构、规格和质量的要求。要服务国家"一带一路"

战略，支持职业教育集团"走出去"，加强与跨国企业、国（境）外院校合作，提升我国职业教育国际影响力和产业国际竞争力。

（八）提升职业教育集团服务区域协调发展的能力。职业教育集团要服务国家区域发展战略和主体功能区战略，统筹成员学校的专业布局和培养结构，为各地根据资源禀赋和比较优势发展各具特色的区域经济提供人才支撑。鼓励农村地区、民族地区、贫困地区围绕区域支柱产业和特色产业，明确职业教育集团办学定位，重点培养新型职业农民、服务民族文化传承创新、推动贫困家庭脱贫致富。要整合集团各类资源，充分发挥优质资源的引领、示范和辐射作用，实现以城带乡、以强带弱、优势互补，推动职业院校标准化、规范化和现代化建设。

（九）提升职业教育集团服务促进就业创业的能力。职业教育集团成员要共享招生、就业信息，坚持校企合作、工学结合，广泛开展委托培养、定向培养、订单培养、现代学徒制等，不断提高学生的就业率、创业能力和就业质量。面向职业教育集团内部企业员工开展岗前培训、岗位培训、继续教育，提升企业员工的技能水平和岗位适应能力。面向未就业初高中毕业生、农村剩余劳动力、退役士兵、失业人员、残疾人等群体，广泛开展职业教育和培训，提高其就业、再就业和创业能力。

（十）提升职业教育集团服务现代职教体系建设的能力。职业教育集团要探索适合产业发展的人才培养途径，合理定位、协调发展、办出特色，按照国家有关规定，拓宽学生从中职、专科、本科到研究生的上升通道。以健全课程衔接体系为重点，推动人才培养目标、专业布局、课程体系、教育教学过程、行业指导、校企合作的衔接。率先落实"文化素质+职业技能"的考试招生办法，为集团成员学校的学生接受不同层次高等职业教育提供多种机会。建立学分积累与转换制度，为集团成员企业员工接受职业教育提供机会，拓宽技术技能人才成长通道。

四、不断强化职业教育集团化办学的保障机制

（十一）加强对职业教育集团化办学的领导。各地教育行政部门要充分认识集团化办学的战略地位和重要作用，会同有关部门制订职业教育集团化办学发展规划。完善工作机制和评价标准，加强对集团化办学的统筹、协调、督导和管理。应将集团化办学情况纳入职业教育工作目标考核体系，发布年度发展报告，宣传成绩突出的优秀案例。

（十二）完善职业教育集团化办学支持政策。各地对职业教育集团开展体制机制改革、招生招工一体化、培养模式创新等探索实践，要优先给予政策支持。要支持建设一批示范性骨干职业教育集团。要落实好教育、财税、土地、金融等政策，支持集团内企业成员单位参与职业教育发展。

（十三）加大对职业教育集团化办学的投入。各地要多渠道加大投入，通过政府购买服务等形式支持职业教育集团发展。支持职业教育集团建设具备教学、生产、培训等功能的共享型实训基地，建设共享型专业教学资源和仿真实训系统，建设就业、用工、招生、师资、图书、技术、管理等信息共享平台，建设产学研一体化研发中心和共享型教学团队，提高集团内涵发展和社会服务能力。

教育部

2015 年 6 月 30 日

关于建立完善以改革和绩效为导向的生均拨款制度加快发展现代高等职业教育的意见

财教〔2014〕352号

国务院有关部委、有关直属机构，各省、自治区、直辖市、计划单列市财政厅（局）、教育厅（教委、教育局），新疆生产建设兵团财务局、教育局：

根据《国务院关于加快发展现代职业教育的决定》有关精神，为促进高等职业教育（以下简称"高职教育"）改革发展，整体提高高等职业院校（含高等专科学校，以下简称"高职院校"）经费水平和人才培养质量，促进高职院校办出特色、办出水平，现就建立完善以改革和绩效为导向的高职院校生均拨款制度提出如下意见：

一、意义和原则

（一）意义

高职教育承担着优化高等教育结构和人力资源结构的重要职责。近年来，通过各级政府和有关方面的共同努力，我国高职教育经费投入总量持续增长，推动了高职教育事业实现快速发展，培养了大批高素质技能型人才，为实现高等教育大众化和推进我国经济社会发展做出了重要贡献。

但是，由于多种原因，目前高职教育投入仍然不同程度地存在一些突出问题：多渠道筹措经费和财政生均拨款稳定投入机制还不够健全，高职院校总体投入水平仍然偏低，区域间差异较大;财政投入激励高职院校改革的导向作用不够明显;高职教育经费绩效管理基础薄弱,等等。新形势下,建立完善以改革和绩效为导向的高职院校生均拨款制度,进一步加大高职教育财政投入,逐步健全多渠道筹措高职教育经费的机制,鼓励引导社会力量举办职业教育,有利于推动高职教育深化改革,整体提高现代职业教育办学水平和人才培养质量,优化高等教育结构,培养更多高素质技术技能型人才;有利于高职教育更好地为深入实施创新驱动发展战略,加快转方式、调结构、促升级提供人才支撑;有利于促进就业和改善民生。

(二) 原则

1. 明确责任。按照现行财政体制和职业教育"分级管理、地方为主、政府统筹、社会参与"的管理体制,地方是建立完善所属公办高职院校生均拨款制度的责任主体,省级要统筹推动本地区全面建立完善公办高职院校生均拨款制度。中央财政引导各地建立完善公办高职院校生均拨款制度。举办高职院校的国务院有关部门是建立完善所属高职院校生均拨款制度的责任主体,并负责落实相关经费。

2. 多元投入。处理好政府与市场、政府与社会的关系。坚持政府投入的主渠道作用,优化财政支出结构,不断加大财政投入力度,新增财政投入要向包括高职教育在内的职业教育倾斜。同时,防止财政"大包大揽",充分发挥市场机制作用,积极引导社会资本投入,进一步完善多渠道筹措高职教育经费的机制,鼓励企业和社会力量采取直接投资或捐赠等形式参与举办职业教育,促进高职教育经费投入稳定增长。

3. 促进改革。发挥财政资金的激励导向作用,建立完善高职院校生均拨款制度要与深化校企合作等制度改革创新相结合，形成激励相容、奖优扶优的机制，促进高职院校面向市场、面向就业改革创新人才培养模式，提高人才培养质量。

4. 注重绩效。切实提高财政资金使用效益，建立完善高职院校生均拨款制度要与强化绩效管理相结合，将绩效理念和绩效要求贯穿于高职教育经费分配使用的全过程，体现目标和结果导向，加快发展现代高等职业教育。

二、主要内容和措施

（一）地方为主建立

1. 明确实施范围。各地建立完善高职院校生均拨款制度，应当覆盖全部所属独立设置的公办高职院校。举办高职院校的国务院有关部门，应当参照院校所在地公办高职院校的生均拨款标准，建立完善所属高职院校生均拨款制度。

2. 科学合理确定拨款标准。各地要根据本地区经济社会发展水平、职业教育发展规划、专业办学成本差异、财力状况以及学费收入等因素，同时，统筹协调公办高职院校与本地区公办普通本科高校、中等职业学校生均拨款水平以及民办职业学校举办者生均投入水平，因地制宜、科学合理地确定高职院校生均拨款标准（综合定额标准或公用经费定额标准），并逐步形成生均拨款标准动态调整机制。

3. 发挥导向作用。各地在建立完善高职院校生均拨款制度过程中，在注重公平的同时，要切实体现改革和绩效导向，以学生规模存量调整为重点，促进高职院校加强内涵建设。防止出现吃"大锅饭"和盲目扩招的问题。要向改革力度大、办学效益好、就业质量高、校企合作紧密的学校倾斜，向管理水平高的学校倾斜，向当地产业转型升级亟需的专业以及农林水地矿油等艰苦行业专业倾斜，引导高职院校合理定位，办出特色和水平。

（二）中央财政综合奖补

从2014年起，中央财政建立"以奖代补"机制，激励和引导各地建立完善高职院校生均拨款制度，提高生均拨款水平，促进高职教育改革发展。中央财政根据各地生均拨款制度建立和完善情况、体现绩效的事业改革发展情况、经费投入努力程度和经费管理情况等因素给予综合奖补。综合奖补包括拨款标准奖补和改革绩效奖补两部分，由地方统筹用于支持高职教育改革发展。

1. 拨款标准奖补根据各地提高高职院校生均财政拨款水平的具体情况核定。2017年各地高职院校年生均财政拨款水平应当不低于12000元。年生均财政拨款水平是指政府收支分类科目"2050305高等职业教育"中，地方财政通过一般公共预算安排用于支持高职院校发展的经费，按全日制高等职业学历教育在校生人数折算的平均水平，包括基本支出和项目支出。中央财政统一以省份为单位考核，不要求对辖区内高职院校平均安排。

2017年以前，对于年生均财政拨款水平尚未达到12000元的省份，中央财政以2013年为基期对各地生均财政拨款水平增量部分按一定比例给予拨款标准奖补。具体奖补比例，根据东部地区25%、中西部地区35%的基本比例以及各省财力状况等因素确定。对于年生均财政拨款水平已达到12000元且以后年度不低于这一水平的省份，中央财政给予拨款标准奖补并稳定支持。2017年，对于年生均财政拨款水平仍未达到12000元的省份，除不再给予拨款标准奖补外，中央财政还将暂停改革绩效奖补；教育部将在下一年度招生计划安排时予以必要限制，并对其高校设置工作予以调控。财政部、教育部将从生均财政拨款制度建立与完善、预算安排等方面,加强对各地高等职业教育投入情况的监测。

2. 改革绩效奖补根据各地推进高职院校改革进展情况核定。从2014年起,教育部每年从优化专业结构、深化校企合作、加快教学改革与产业转型升级衔接、加强双师型教师队伍建设、鼓励社会力量兴办高职教育、提升高职院校社会服务能力等方面,对各地推进高职院校改革的进展情况进行监测。中央财政依据监测数据和相关统计资料,选取体现改革绩效导向的因素分配,并适当向高等职业教育改革成效显著的省份倾斜、向年生均财政拨款水平率先达到12000元且稳定投入的省份倾斜。2014-2017年,改革绩效奖补资金规模根据中央财政财力状况和各地高等职业教育改革进展情况等因素确定。2017年以后,当各地年生均财政拨款水平全部不低于12000元时,中央财政将进一步加大改革绩效奖补力度。

三、工作要求

(一)切实加强组织领导。各地财政、教育等相关部门要落实工作职责,健全工作机制,共同推进建立完善高职院校生均拨款制度。尚未建立高职院校生均拨款制度的省份要尽快出台,已建立生均拨款制度的省份要进一步完善相关政策措施,逐步提高投入水平。举办高职院校的国务院有关部门,也应尽快建立完善所属高职院校生均拨款制度。

(二)强化省级督促引导。省级财政、教育部门要积极督促和引导举办高职院校的市、县级政府,落实建立完善所属高职院校生均拨款制度所需经费。同时,要加强对民办高职院校的规范管理和科学引导,制定完善相关政策,积极探索通过政府补贴、购买服务等多种方式,鼓励企业和社会力量参与举办职业教育，促进民办高职教育发展。

（三）着力推进改革创新。各地、各有关部门应积极推动高职院校围绕发展现代高职教育转变办学理念，以服务经济社会发展为宗旨，以促进就业为导向，合理确定办学定位，调整和设置专业，强化内涵建设，改革人才培养模式，积极推进校企合作制度化，将产教融合理念贯穿于人才培养工作各个环节，大力推进高职教育改革创新，促进各高职院校在不同层次、不同领域办出水平、办出特色。

（四）积极开展绩效评价。各地、各有关部门要积极探索建立高职教育经费使用绩效评价机制，制定科学合理的评价指标和管理办法，扎实开展绩效评价工作，并充分利用评价结果，调整完善支持所属高职院校改革发展的政策措施，不断提高经费使用管理水平。

（五）切实加强管理监督。各地、各有关部门要充分发挥现代信息技术的作用，进一步加强基础管理工作，确保学生数等信息真实准确。要加大对高职教育经费使用管理情况的监督检查力度，督促所属高职院校严格执行《高等学校财务制度》、《高等学校会计制度》等相关规定，建立健全相关管理制度。高职院校要切实加强管理，完善经费使用内部稽核和内部控制制度；强化预算管理，防范财务风险；积极配合审计、监察等部门开展相关检查，对发现的问题及时整改；按照有关规定公开财务信息，自觉接受广大师生员工和社会监督，确保经费使用安全、规范、有效。

财政部　教育部
2014 年 10 月 30 日

教育部关于深化职业教育教学改革
全面提高人才培养质量的若干意见

教职成〔2015〕6号

各省、自治区、直辖市教育厅（教委），各计划单列市教育局，新疆生产建设兵团教育局，各行业职业教育教学指导委员会：

为贯彻落实全国职业教育工作会议精神和《国务院关于加快发展现代职业教育的决定》（国发〔2014〕19号）要求，深化职业教育教学改革，全面提高人才培养质量，现提出如下意见。

一、总体要求

（一）指导思想。全面贯彻党的教育方针，按照党中央、国务院决策部署，以立德树人为根本，以服务发展为宗旨，以促进就业为导向，坚持走内涵式发展道路，适应经济发展新常态和技术技能人才成长成才需要，完善产教融合、协同育人机制，创新人才培养模式，构建教学标准体系，健全教学质量管理和保障制度，以增强学生就业创业能力为核心，加强思想道德、人文素养教育和技术技能培养，全面提高人才培养质量。

（二）基本原则。

坚持立德树人、全面发展。遵循职业教育规律和学生身心发展规律，把培育和践行社会主义核心价值观融入教育教学全过程，关注学生职业生涯和可持续发展需要，促进学生德智体美全面发展。

坚持系统培养、多样成才。以专业课程衔接为核心，以人才培养模式创新为关键，推进中等和高等职业教育紧密衔接，拓宽技术技能人才成长通道，为学生多样化选择、多路径成才搭建"立交桥"。

坚持产教融合、校企合作。推动教育教学改革与产业转型升级衔接配套，加强行业指导、评价和服务，发挥企业重要办学主体作用，推进行业企业参与人才培养全过程，实现校企协同育人。

坚持工学结合、知行合一。注重教育与生产劳动、社会实践相结合，突出做中学、做中教，强化教育教学实践性和职业性，促进学以致用、用以促学、学用相长。

坚持国际合作、开放创新。在教学标准开发、课程建设、师资培训、学生培养等方面加强国际交流与合作，推动教育教学改革创新，积极参与国际规则制订，提升我国技术技能人才培养的国际竞争力。

二、落实立德树人根本任务

（三）坚持把德育放在首位。深入贯彻落实中共中央办公厅、国务院办公厅《关于进一步加强和改进新形势下高校宣传思想工作的意见》和教育部《中等职业学校德育大纲（2014年修订）》，深入开展中国特色社会主义和中国梦宣传教育，大力加强社会主义核心价值观教育，帮助学生树立正确的世界观、人生观和价值观。建设学生真心喜爱、终身受益的德育和思想政治理论课程。加强法治教育，增强学生法治观念，树立法治意识。统筹推进活动育人、实践育人、文化育人，广泛开展"文明风采"竞赛、"劳模进职校"等丰富多彩的校园文化和主题教育活动,把德育与智育、体育、美育有机结合起来,努力构建全员、全过程、全方位育人格局。

(四)加强文化基础教育。发挥人文学科的独特育人优势,加强公共基础课与专业课间的相互融通和配合,注重学生文化素质、科学素养、综合职业能力和可持续发展能力培养,为学生实现更高质量就业和职业生涯更好发展奠定基础。中等职业学校要按照教育部印发的教学大纲(课程标准)规定,开齐、开足、开好德育、语文、数学、英语、历史、体育与健康、艺术、计算机应用基础等课程。高等职业学校要按照教育部相关教学文件要求,规范公共基础课课程设置与教学实施,面向全体学生开设创新创业教育专门课程群。

(五)加强中华优秀传统文化教育。要把中华优秀传统文化教育系统融入课程和教材体系,在相关课程中增加中华优秀传统文化内容比重。各地、各职业院校要充分挖掘和利用本地中华优秀传统文化教育资源,开设专题的地方课程和校本课程。有条件的职业院校要开设经典诵读、中华礼仪、传统技艺等中华优秀传统文化必修课,并拓宽选修课覆盖面。

(六)把提高学生职业技能和培养职业精神高度融合。积极探索有效的方式和途径,形成常态化、长效化的职业精神培育机制,重视崇尚劳动、敬业守信、创新务实等精神的培养。充分利用实习实训等环节,增强学生安全意识、纪律意识,培养良好的职业道德。深入挖掘劳动模范和先进工作者、先进人物的典型事迹,教育引导学生牢固树立立足岗位、增强本领、服务群众、奉献社会的职业理想,增强对职业理念、职业责任和职业使命的认识与理解。

三、改善专业结构和布局

（七）引导职业院校科学合理设置专业。职业院校要结合自身优势，科学准确定位，紧贴市场、紧贴产业、紧贴职业设置专业，参照《产业结构调整指导目录》，重点设置区域经济社会发展急需的鼓励类产业相关专业，减少或取消设置限制类、淘汰类产业相关专业。要注重传统产业相关专业改革和建设，服务传统产业向高端化、低碳化、智能化发展。要围绕"互联网+"行动、《中国制造2025》等要求，适应新技术、新模式、新业态发展实际，既要积极发展新兴产业相关专业，又要避免盲目建设、重复建设。

（八）优化服务产业发展的专业布局。要建立专业设置动态调整机制，及时发布专业设置预警信息。各地要统筹管理本地区专业设置，围绕区域产业转型升级，加强宏观调控，努力形成与区域产业分布形态相适应的专业布局。要紧密对接"一带一路"、京津冀协同发展、长江经济带等国家战略，围绕各类经济带、产业带和产业集群，建设适应需求、特色鲜明、效益显著的专业群。要建立区域间协同发展机制，形成东、中、西部专业发展良性互动格局。支持少数民族地区发展民族特色专业。

（九）推动国家产业发展急需的示范专业建设。各地、各职业院校要围绕现代农业、先进制造业、现代服务业和战略性新兴产业发展需要，积极推进现代农业技术、装备制造、清洁能源、轨道交通、现代物流、电子商务、旅游、健康养老服务、文化创意产业等相关专业建设。要深化相关专业课程改革，突出专业特色，创新人才培养模式，强化师资队伍和实训基地建设，重点打造一批能够发挥引领辐射作用的国家级、省级示范专业点，带动专业建设水平整体提升。

四、提升系统化培养水平

（十）积极稳妥推进中高职人才培养衔接。要在坚持中高职各自办学定位的基础上，形成适应发展需求、产教深度融合、中高职优势互补、衔接贯通的培养体系。要适应行业产业特征和人才需求，研究行业企业技术等级、产业价值链特点和技术技能人才培养规律，科学确定适合衔接培养的专业，重点设置培养要求年龄小、培养周期长、复合性教学内容多的专业。要研究确定开展衔接培养的学校资质和学生入学要求，当前开展衔接培养的学校以国家级、省级示范（骨干、重点）院校为主。

（十一）完善专业课程衔接体系。统筹安排开展中高职衔接专业的公共基础课、专业课和顶岗实习，研究制订中高职衔接专业教学标准。注重中高职在培养规格、课程设置、工学比例、教学内容、教学方式方法、教学资源配置上的衔接。合理确定各阶段课程内容的难度、深度、广度和能力要求，推进课程的综合化、模块化和项目化。鼓励开发中高职衔接教材和教学资源。

（十二）拓宽技术技能人才终身学习通道。建立学分积累与转换制度，推进学习成果互认，促进工作实践、在职培训和学历教育互通互转。支持职业院校毕业生在职接受继续教育，根据职业发展需要，自主选择课程，自主安排学习进度。职业院校要根据学生以往学习情况、职业资格等级以及工作经历和业绩，完善人才培养方案，实施"学分制、菜单式、模块化、开放型"教学。

五、推进产教深度融合

（十三）深化校企协同育人。创新校企合作育人的途径与方式，充分发挥企业的重要主体作用。推动校企共建校内外生产性实训基地、技术服务和产品开发中心、技能大师工作室、创业教育实践平台等，切实增强职业院校技术技能积累能力和学生就业创业能力。发挥集团化办学优势，以产业或专业（群）为纽带，推动专业人才培养与岗位需求衔接，人才培养链和产业链相融合。积极推动校企联合招生、联合培养、一体化育人的现代学徒制试点。注重培养与中国企业和产品"走出去"相配套的技术技能人才。

（十四）强化行业对教育教学的指导。各级教育行政部门要完善职业教育行业指导体系，创新机制，提升行业指导能力，通过授权委托、购买服务等方式，把适宜行业组织承担的职责交给行业组织，完善购买服务的标准和制度。教育部联合行业部门、行业协会定期发布行业人才需求预测、制订行业人才评价标准。各职业院校要积极吸收行业专家进入学术委员会和专业建设指导机构，在专业设置评议、人才培养方案制订、专业建设、教师队伍建设、质量评价等方面主动接受行业指导。

（十五）推进专业教学紧贴技术进步和生产实际。对接最新职业标准、行业标准和岗位规范，紧贴岗位实际工作过程，调整课程结构，更新课程内容，深化多种模式的课程改革。职业院校要加强与职业技能鉴定机构、行业企业的合作，积极推行"双证书"制度，把职业岗位所需要的知识、技能和职业素养融入相关专业教学中，将相关课程考试考核与职业技能鉴定合并进行。要普及推广项目教学、案例教学、情景教学、工作过程导向教学，广泛运用启发式、探究式、讨论式、参与式教学，充分激发学生的学习兴趣和积极性。

（十六）有效开展实践性教学。公共基础课和专业课都要加强实践性教学，实践性教学课时原则上要占总课时数一半以上。要积极推行认识实习、跟岗实习、顶岗实习等多种实习形式，强化以育人为目标的实习实训考核评价。顶岗实习累计时间原则上以半年为主，可根据实际需要，集中或分阶段安排实习时间。要切实规范并加强实习教学、管理和服务，保证学生实习岗位与其所学专业面向的岗位群基本一致。推进学生实习责任保险制度建设。要加大对学生创新创业实践活动的支持和保障力度。

六、强化教学规范管理

（十七）完善教学标准体系。教育部根据经济社会发展实际，定期修订发布中、高职专业目录，组织制订公共基础必修课和部分选修课的课程标准、专业教学标准、顶岗实习标准、专业仪器设备装备规范等。省级教育行政部门要根据国家发布的相关标准，组织开发具有地方特色的专业教学指导方案和课程标准，积极开发与国际先进标准对接的专业教学标准和课程标准。鼓励职业院校结合办学定位、服务面向和创新创业教育目标要求，借鉴、引入企业岗位规范，制订人才培养方案。

（十八）加强教学常规管理。各地、各职业院校要严格执行国家制定的教学文件，适应生源、学制和培养模式的新特点，完善教学管理机制。要加强教学组织建设，健全教学管理机构，建立行业企业深度参与的教学指导机构。职业院校的院校长是教学工作的第一责任人，要定期主持召开教学工作会议，及时研究解决学校教学工作中的重大问题。要坚持和完善巡课和听课制度，严格教学纪律和课堂纪律管理。要加强教学管理信息化建设和管理人员的培训，不断提高管理和服务水平。

（十九）提高教学质量管理水平。各地、各职业院校要加强教育教学质量管理，把学生的职业道德、职业素养、技术技能水平、就业质量和创业能力作为衡量学校教学质量的重要指标。要适应技术技能人才多样化成长需要，针对不同地区、学校实际，创新方式方法，积极推行技能抽查、学业水平测试、综合素质评价和毕业生质量跟踪调查等。要按照教育部关于建立职业院校教学工作诊断与改进制度的有关要求，全面开展教学诊断与改进工作，切实发挥学校的教育质量保证主体作用，不断完善内部质量保证制度体系和运行机制。

（二十）健全教材建设管理制度。加快完善教材开发、遴选、更新和评价机制，加强教材编写、审定和出版队伍建设。各地要切实加强对本地区教材建设的指导和管理，健全区域特色教材开发和选用制度，鼓励开发适用性强的校本教材。要把教材选用纳入重点专业建设、教学质量管理等指标体系。各地要完整转发教育部公布的《职业教育国家规划教材书目》，不得删减或增加。各职业院校应严格在《书目》中选用公共基础必修课教材，优先在《书目》中选用专业课教材。

七、完善教学保障机制

（二十一）加强教师培养培训。建立健全高校与地方政府、行业企业、中职学校协同培养教师的新机制，建设一批职教师资培养培训基地和教师企业实践基地，积极探索高层次"双师型"教师培养模式。加强教师专业技能、实践教学、信息技术应用和教学研究能力提升培训，提高具备"双师"素质的专业课教师比例。落实五年一周期的教师全员培训制度，实行新任教师先实践、后上岗和教师定期实践制度，培养造就一批"教练型"教学名师和专业带头人。继续实施职业院校教师队伍素质提升计划，加强专业骨干教师培训，重视公共基础课、实习实训、职业指导教师和兼职教师培训。各地要制订职教师资培养规划，根据实际需要实施职业院校师资培养培训项目。

（二十二）提升信息化教学能力。要加强区域联合、优势互补、资源共享，构建全国职业教育教学资源信息化网络。各地、各职业院校要组织开发一批优质的专业教学资源库、网络课程、模拟仿真实训软件和生产实际教学案例等。广泛开展教师信息化教学能力提升培训，不断提高教师的信息素养。组织和支持教师和教研人员开展对教育教学信息化的研究。继续办好信息化教学大赛，推进信息技术在教学中的广泛应用。要积极推动信息技术环境中教师角色、教育理念、教学观念、教学内容、教学方法以及教学评价等方面的变革。

（二十三）提高实习实训装备水平。建立与行业企业技术要求、工艺流程、管理规范、设备水平同步的实习实训装备标准体系。要贯彻落实好教育部发布的专业仪器设备装备规范，制订本地区、本院校的实施方案，到2020年实现基本达标。各地要推进本地区学校实训装备的合理配置和衔接共享，分专业（群）建设公共实训中心，推进资源共建共享。要按照技能掌握等级序列和复杂程度要求，在中高职院校差别化配置不同技术标准的仪器设备。

（二十四）加强教科研及服务体系建设。省、市两级要尽快建立健全职业教育教科研机构，国家示范（骨干）职业院校要建立专门的教研机构，强化教科研对教学改革的指导与服务功能。要针对教育教学改革与人才培养的热点、难点问题，设立一批专项课题，鼓励支持职业院校与行业、企业合作开展教学研究。要积极组织地方教科研人员开展学术交流和专业培训，组织开展教师教学竞赛及研讨活动。完善职业教育教学成果奖推广应用机制。

八、加强组织领导

（二十五）健全工作机制。各级教育行政部门、各职业院校要高度重视，切实加强组织领导，建立以提高质量为导向的管理制度和工作机制，把教育资源配置和学校工作重点集中到教学工作和人才培养上来。各行业职业教育教学指导委员会要加强对教学工作的指导、评价和服务，选择有特点有代表性的学校或专业点，建立联系点机制，跟踪专业教学改革情况。

（二十六）加强督查落实。各省级教育行政部门要根据本意见要求，结合本地实际情况，抓紧制订具体实施方案，细化政策措施，确保各项任务落到实处。要对落实本意见和本地实施方案情况进行监督检查和跟踪分析，对典型做法和有效经验，要及时总结，积极推广。

教育部

2015 年 7 月 27 日

中等职业学校免学费补助资金管理办法

财政部　教育部　人力资源和社会保障部
关于印发《中等职业学校免学费补助资金管理办法》的通知
财教〔2013〕84号

各省、自治区、直辖市、计划单列市财政厅（局）、教育厅（局、教委）、人力资源社会保障厅（局），新疆生产建设兵团财务局、教育局、人力资源社会保障局：

按照《财政部 国家发展改革委 教育部 人力资源社会保障部关于扩大中等职业教育免学费政策范围 进一步完善国家助学金制度的意见》（财教〔2012〕376号）的规定，为加强中等职业学校免学费补助资金的管理，确保免学费政策顺利实施，我们制定了《中等职业学校免学费补助资金管理办法》，现印发给你们，请遵照执行。

财政部　教育部　人力资源社会保障部
2013年6月3日

第一条 为了规范中等职业学校免学费补助资金管理，确保免学费政策顺利实施，根据《财政部 国家发展改革委教育部人力资源社会保障部关于扩大中等职业教育免学费政策范围 进一步完善国家助学金制度的意见》（财教〔2012〕376号）等有关规定，制定本办法。

第二条 本办法所称中等职业学校是指经政府有关部门依法批准设立，实施全日制中等学历教育的各类职业学校，包括公办和民办的普通中专、成人中专、职业高中、技工学校和高等院校附属的中专部、中等职业学校等。

第三条 中等职业学校免学费补助资金是指中等职业学校学生享受免学费政策后，为弥补学校运转出现的经费缺口，财政核拨的补助资金。

第四条 中等职业学校免学费补助资金由中央和地方财政共同承担，省级财政统筹落实，省和省以下各级财政根据各省（区、市）人民政府及其价格主管部门批准的公办中等职业学校学费标准予以补助。

第五条 中央财政统一按每生每年平均2000元测算标准和一定比例与地方财政分担，具体分担比例为：西部地区，不分生源，分担比例为8∶2；中部地区，生源地为西部地区的，分担比例为8∶2，生源地为其他地区的，分担比例为6∶4；东部地区，生源地为西部地区和中部地区的，分担比例分别为8∶2和6∶4，生源地为东部地区的，分担比例分省确定。

第六条 对公办中等职业学校免学费资金的补助方式为：第一、二学年因免除学费导致学校运转出现的经费缺口，由财政按照享受免学费政策学生人数和免学费标准补助学校；第三学年原则上由学校通过校企合作和顶岗实习等方式获取的收入予以弥补，不足部分由财政按照不高于三年级享受免学费政策学生人数50%的比例和免学费标准，适当补助学校。

第七条 对民办中等职业学校学生的补助方式为：对一、

二年级符合免学费条件的学生,按照当地同类型同专业公办中等职业学校免学费标准给予补助。学费标准高出公办学校免学费标准部分由学生家庭负担;低于公办学校免学费标准的,按照民办学校实际学费标准予以补助。

第八条　中央财政于每年9月30日前按照财政部提前通知转移支付指标的有关规定,根据全国中等职业学校学生管理信息系统和技工学校学生管理信息系统核定的学生数和生源结构,按照一定比例提前下达下一年度应承担的免学费补助资金预算。省级财政部门在收到提前下达的免学费中央补助资金预算后,应尽快分解下达,确保下一年度春季学期学校正常运转。

中央财政于每年10月重新核定当年应承担的免学费补助资金预算。地方各级财政部门应当足额安排应承担的免学费补助资金预算,按时拨付免学费补助资金,保证中等职业学校教育教学活动的正常开展。

第九条　中等职业学校应当根据本办法和各地制定的免学费实施细则,受理学生申请,组织初审,并通过全国中等职业学校学生管理信息系统和技工学校学生管理信息系统报至同级学生资助管理机构审核、汇总。学生资助管理机构将审核结果在相关学校内进行不少于5个工作日的公示。

第十条　中等职业学校免学费工作实行学校法人代表负责制,校长是第一责任人,对学校免学费工作负主要责任。中等职业学校应当加强财务管理,建立规范的预决算制度,按照预算管理的要求,编制综合预算,收支全部纳入学校预算管理,年终应当编制决算。

第十一条　各地职业教育行政管理部门应当加强学生学籍

管理，建立健全学生信息档案，保证享受免学费政策的学生信息完整和准确。

第十二条 各级财政、教育和人力资源社会保障部门应当加强对中等职业学校免学费补助资金使用情况的监督检查。对虚报学生人数，骗取财政补助资金或挤占、挪用、截留免学费补助资金等违规行为，按照《财政违法行为处罚处分条例》有关规定追究法律责任。涉嫌犯罪的，依法移送司法机关。

第十三条 每年春季学期开学前，各地职业教育行政管理部门应当对中等职业学校办学资质进行全面清查并公示，对年检不合格的学校，取消其享受免学费补助资金的资格。各地职业教育行政管理部门应当根据《民办教育促进法》的规定，加强对民办中等职业学校的监管，纳入免学费补助范围的民办学校名单由省级教育和人力资源社会保障部门负责审定。

第十四条 本办法由财政部、教育部和人力资源社会保障部负责解释。各省（区、市）可依据本办法制定实施细则，并报财政部、教育部、人力资源社会保障部备案。

第十五条 本办法自2013年7月1日起施行。《中等职业学校免学费补助资金管理暂行办法》（财教〔2010〕3号）同时废止。

中等职业学校国家助学金管理办法

财政部　教育部　人力资源和社会保障部
关于印发《中等职业学校国家助学金管理办法》的通知
财教〔2013〕110号

各省、自治区、直辖市、计划单列市财政厅（局）、教育厅（局、教委）、人力资源社会保障厅（局），新疆生产建设兵团财务局、教育局、人力资源社会保障局：

按照《财政部 国家发展改革委 教育部 人力资源社会保障部关于扩大中等职业教育免学费政策范围 进一步完善国家助学金制度的意见》（财教〔2012〕376号）规定，为加强中等职业学校国家助学金的管理，确保助学金政策顺利实施，我们制定了《中等职业学校国家助学金管理办法》，现印发给你们，请遵照执行。

财政部　教育部　人力资源社会保障部
2013年6月3日

第一条 为了规范中等职业学校国家助学金管理（以下简称国家助学金），确保资助工作顺利实施，根据《财政部 国家发展改革委教育部 人力资源社会保障部关于扩大中等职业教育免学费政策范围 进一步完善国家助学金制度的意见》（财教

〔2012〕376号）等有关规定，制定本办法。

第二条　本办法所称中等职业学校是指经政府有关部门依法批准设立，实施全日制中等学历教育的各类职业学校，包括公办和民办的普通中专、成人中专、职业高中、技工学校和高等院校附属的中专部、中等职业学校等。

第三条　国家助学金资助对象是具有中等职业学校全日制学历教育正式学籍的一、二年级在校涉农专业学生和非涉农专业家庭经济困难学生。

六盘山区、秦巴山区、武陵山区、乌蒙山区、滇桂黔石漠化区、滇西边境山区、大兴安岭南麓山区、燕山—太行山区、吕梁山区、大别山区、罗霄山区等11个连片特困地区和西藏及四省藏区、新疆南疆三地州中等职业学校农村学生（不含县城）全部纳入享受国家助学金范围。

第四条　国家助学金由中央和地方政府共同出资设立，主要资助受助学生的生活费开支，资助标准每生每年1500元。以后年度，将根据经济发展水平和财力状况适时调整资助标准。

第五条　国家助学金按学期申请和评定，按月发放。学校应将《中等职业学校国家助学金申请表》（附1）及《中等职业学校国家助学金申请指南》（附2）随同入学通知书一并寄发给录取的新生。新生和二年级学生在新学年开学一周内向就读学校提出申请，并递交相关证明材料。

中等职业学校应当根据本办法和各地制定的国家助学金实施细则，受理学生申请，组织初审，并通过全国中等职业学校学生管理信息系统和技工学校学生管理信息系统报至同级学生资助管理机构审核、汇总。学生资助管理机构将审核结果在相关学校内进行不少于5个工作日的公示。

第六条 中央财政于每年9月30日前按照财政部提前通知转移支付指标的有关规定，根据全国中等职业学校学生管理信息系统和技工学校学生管理信息系统核定的受助学生数和生源结构，按照一定比例提前下达下一年度应承担的国家助学金预算。省级财政部门在收到提前下达的助学金预算后，应尽快分解下达，确保下一年度春季学期国家助学金按时发放到受助学生手中。

中央财政于每年10月重新核定当年应承担的国家助学金预算。地方各级财政部门应当足额安排应承担的国家助学金预算，按时拨付国家助学金。

第七条 国家助学金通过学生资助卡发放给受助学生。中等职业学校或学生资助管理机构为每位受助学生办理学生资助卡，学生本人持身份证原件和学生证，到发卡银行网点柜台激活资助卡后方可使用。不得向学生收取卡费或押金等费用，也不得以实物或服务等形式，抵顶或扣减国家助学金。

第八条 中等职业学校国家助学金实行学校法人代表负责制，校长是第一责任人，对学校助学工作负主要责任。学校应当制定本校国家助学金具体实施办法，设立专门机构和配备专职人员具体负责助学工作。

中等职业学校应当建立专门档案，将学生申请表、受理结果、资金发放等有关凭证和工作情况分年度建档备查。

第九条 省级教育、人力资源社会保障、财政部门要根据实际情况，对享受资助政策的民办中等职业学校，在办学条件、学费标准、招生就业、资助家庭经济困难学生措施等方面做出明确规定，督促民办中等职业学校依法办学，规范收费。

第十条 国家鼓励地方政府、行业企业和社会团体设立中等职业学校助学金、奖学金，鼓励和引导金融机构为接受中等职业教育的学生提供助学贷款。

中等职业学校应当开辟"绿色通道"，对携有可证明其家庭经济困难材料的新生，可先办理入学手续，根据核实后的家庭经济情况予以不同方式的资助，再办理学籍注册。

第十一条 各级财政、教育、人力资源社会保障部门应加强对国家助学金的管理，实行专款专用、专账核算，并接受审计、监察部门的检查和社会的监督。对弄虚作假、套取财政专项资金或挤占、挪用、滞留国家助学金的行为，将追究直接责任人和相关领导的责任。

第十二条 本办法由财政部、教育部、人力资源社会保障部负责解释，各省（区、市）可依据本办法制定实施细则，并报财政部、教育部、人力资源社会保障部备案。

第十三条 本办法自2013年7月1日起施行。原《财政部 教育部关于印发〈中等职业学校国家助学金管理暂行办法〉的通知》（财教〔2007〕84号）和《财政部 劳动保障部关于做好技工学校国家助学金发放管理工作的通知》（财教〔2007〕85号）同时废止。

中等职业学校新型职业农民培养方案试行

教育部办公厅 农业部办公厅关于印发
《中等职业学校新型职业农民培养方案试行》的通知
教职成厅〔2014〕1号

各省、自治区、直辖市教育厅（教委）、农业（农牧、农村经济）厅（委、局），各计划单列市教育局、农业局，新疆生产建设兵团教育局、农业局，中央农业广播电视学校，全国农业职业教育教学指导委员会：

现将《中等职业学校新型职业农民培养方案试行》印发给你们，请遵照执行，并根据实际情况，制定专门规划和切实可行的具体政策，组织有关涉农职业学校按照新的培养方案实施教学，为确保国家粮食安全和重要农产品有效供给培养更多合格的新型职业农民。

教育部办公厅 农业部办公厅
2014年3月14日

为深入贯彻党的十八大、十八届三中全会和2013年中央农村工作会议精神以及2012、2013、2014年中央一号文件精神，按照教育部、农业部等九部门《关于加快发展面向农村的职业教育的意见》要求，为加快建立农民职业教育制度，大力培养新型职业农民，制定本方案。

一、指导思想

坚持以邓小平理论、"三个代表"重要思想和科学发展观为指导，深入贯彻落实中央"三农"工作的一系列部署，以服务现代农业发展和社会主义新农村建设为宗旨，以促进农业增效、农民增收、农村发展为导向，以全面提升务农农民综合素质、职业技能和农业生产经营能力为目标，深入推进面向农村的职业教育改革，加快培养新型职业农民，稳定和壮大现代农业生产经营者队伍，为确保国家粮食安全和重要农产品有效供给、推进农村生态文明和农业可持续发展、确保农业后继有人、全面建成小康社会提供人力资源保障和人才支撑。

二、招生对象

年龄一般在50岁以下，初中毕业以上学历（或具有同等学力），主要从事农业生产、经营、服务和农村社会事业发展等领域工作的务农农民以及农村新增劳动力。招生重点是专业大户、家庭农场经营者、农民合作社负责人、农村经纪人、农业企业经营管理人员、农业社会化服务人员和农村基层干部等。

三、培养目标

培养具有高度社会责任感和职业道德、良好科学文化素养和自我发展能力、较强农业生产经营和社会化服务能力，适应现代农业发展和新农村建设要求的新型职业农民。

四、基本学制

新型职业农民中等职业教育实行弹性学制，有效学习年限为2-6年，允许学生采用半农半读、农学交替等方式，分阶段完成学业。

五、专业类别

新型职业农民中等职业教育分为种植、畜禽养殖、水产养殖、农业工程和经济管理五个专业类,每个专业类包含若干专业方向。专业类的内涵可以适当拓展,专业方向可以根据农业产业和农村经济社会发展的需要以及各地农业农村人才培养的特点进行动态调整。

(一)种植类

专业方向包括粮食作物生产、经济作物生产、蔬菜生产、果树生产、花卉生产、中药材生产、茶叶生产、食用菌生产、蚕桑生产、林木繁育与苗圃经营、森林培育与林下经济、草业生产、园林绿化等。

(二)畜禽养殖类

专业方向包括生猪养殖、肉牛养殖、奶牛养殖、羊的养殖、家禽养殖、特种动物养殖、宠物养护、动物疫病防治、畜牧等。

(三)水产养殖类

专业方向包括淡水池塘养殖、淡水网箱养殖、海水池塘养殖、海水网箱养殖、特种水产养殖、海藻养殖、观赏水生动物养殖、海洋捕捞等。

(四)农业工程类

专业方向包括农产品贮藏与加工、农机作业与维护、农村信息技术与应用、农村电气化、农村能源开发利用、农业生态与资源保护、农村水利与节水灌溉等。

(五)经济管理类专业方向包括农产品市场与流通、家庭农场经营管理、农民合作社运营管理、农业企业经营管理、农村综合管理、农村财务会计、农资经营与管理、农村土地纠纷调解、休闲农业与乡村旅游等。

六、课程设置

（一）课程类型

课程设置分为公共基础课、专业核心课和能力拓展课三大类。三大类的课程设置和选择是开放的，学生可以根据自身生产生活实际选择学习需要的课程，也允许各地根据产业发展的实际需要适当调整课程内容或增开其他课程。

1. 公共基础课

公共基础课是为保证新型职业农民培养的基本规格和质量，提高学生综合素养，使学生掌握满足生产生活需要的科技、文化和农业基础知识，为其专业知识学习、职业技能培养和终身学习奠定基础并提供支持的课程，适用于各专业类。

2. 专业核心课

专业核心课是为使学生了解、掌握和应用本专业所必需的基本理论、专业基本知识及专项技术技能而设置的课程。学校可在学生入学前对学生的专业知识和专业技能进行测试，以便更好地引导学生选择性地学习专业核心课。

3. 能力拓展课

其他各专业类的专业核心课，都可以作为本专业的能力拓展课选择学习，目的是突破专业制约，满足农业产业综合化需要，培养学生一专多能，增强学生的适应能力和执业能力。

（二）课程体系

新型职业农民中等职业教育总学时数不少于2720学时（170学分），其中公共基础课不少于320（20学分）学时，专业核心课不少于1040（65学分）学时，同时能力拓展课应占一定学时数。公共基础课和专业核心课的学习时数不设上限。

本方案共设置12门1072学时的公共基础课供学生选择学习。各地可结合实际，适当调整或增开其他课程。

各专业类设置了一定数量的专业核心课供学生选择学习：其中必修的专业基础课4门500-600学时左右，专业方向课2-8门，每个学生应在完成必修的专业基础课和2门以上本专业的专业方向课的基础上，选择学习其他专业核心课。

能力拓展课没有具体学时要求，学生可以在一定数量的公共基础课和本专业类的专业核心课学习之余自由选学其他专业的专业核心课。各地可结合实际，适当调整或增开其他课程。

每门课程的学习由理论教学和实践教学组成。公共基础课理论教学与实践教学的学时比例大致为1：1；专业核心课和能力拓展课重在实践教学，理论教学与实践教学的学时比例大致为（1：1）-（1：2）（见下表）。

表：新型职业农民中等职业教育课程学时要求

	课程要求	学时数要求	理论教学与实践教学学时比例
公共基础课	3-4门以上	不少于320学时	1：1
专业核心课	专业基础课4门，本专业类专业核心课若干	不少于1040学时	（1：1）-（1：2）
能力拓展课	任选其他专业类的课程	达到总学时要求	（1：1）-（1：2）
总计		不少于2720学时	
备注	毕业总学时不少于2720学时，总体上理论教学学时数与实践教学学时数的比例为（1：1）-（1：2）			

七、教学形式

（一）理论教学

理论教学应根据培养目标、教学内容和学生的特点，采取灵活多样的方式方法，使学生了解、掌握农业生产经营所必备的基础知识、专业知识，为学生掌握专业技能打好理论基础。要注重学习能力的培养，强调理论与实践的结合，提高学生分析解决问题的能力和创新能力。

1. 教学形式

（1）课堂教学。授课教师按照教学大纲在教学点进行授课。提倡参与式、讨论式、案例式等教学方式。

（2）远程教学。授课教师通过广播电视、互联网等多种媒体方式授课，组织学生在线或实时学习相关课程。

2. 学习方式

（1）集中学习。由学校统一组织，学生集中进行学习。在集中组织教学过程中，要灵活采取课堂讲授、现场演示、分组讨论、案例教学等多种形式，激发学生学习兴趣，调动学生积极性。

（2）分散学习。在集中学习的基础上，学生根据自己的情况，利用多媒体教材、网络辅导资源或教学包等自主学习。分散学习时，教师可根据教学要求和学生自身学习实际，有针对性地对学生进行指导、辅导和答疑。

（二）实践教学

实践教学是教学环节的重要组成部分，是理论教学的延续、扩展和深化。构建符合务农农民职业教育特点的实践教学体系，科学、合理地安排实践教学，对于培养学生运用所学知识、技能解决实际问题的能力和创新能力有着不可替代的作用。

1. 教学形式

（1）实验实习。根据课程学习需要组织学生验证理论知识，学习实际操作技能，以教师演示、学生操作为主要形式，加深学生对理论的理解。

（2）专业见习。组织学生到现代化农业园区、科技示范场等地进行考察、交流，使学生了解现代农业生产经营方式和新品种、新技术、新成果的应用，了解现代农业发展方向，拓宽现代农业发展理念。

（3）技能实训。组织学生到实习基地、农场、农民合作社、农业企业等地进行技能训练，使学生通过职业岗位实务训练，掌握关键环节操作技能，巩固加深专业理论和业务知识，获得专项操作技能的实际工作经验。

（4）岗位实践。学生结合本职工作岗位进行生产实践，在教师指导下运用所学知识和技能，分析和解决生产实际问题，提高工作能力和效率。

2. 组织方式

采取集中与分散相结合的方式进行。

集中实践教学由学校统一组织进行，实验实习、专业见识和技能实训一般采取集中方式进行。

分散实践教学由学生在本职岗位上，按照规定的内容和方式进行实习和岗位实践。

八、教学管理

（一）教学大纲

教学大纲是指导相关课程教学工作的纲领性文件，包括课程名称、课程说明、学习要求、教学方法、教学目的、教学内容与要求、教学提示、时间分配和教学考核及评分办法等。教学大纲由学校根据整体教学要求制订，结合农时农事制订具体教学方案并组织实施。

制订实践教学大纲时，应遵循农业生产规律，与农时季节紧密结合，突出针对性、专业性。学校根据实践教学大纲的要求，结合实践基地的实际情况制订实践教学计划和实施方案，指导学生开展实践活动。

（二）教学安排

1. 合理安排教学时间。根据学生生产经营实际和农时季节特点组织教学，上课作息时间要符合农民生产生活规律，理论教学与实践教学交替进行，农忙时多实践指导生产，农闲时多安排理论教学。要注重学生职业能力形成的逻辑性、衔接性和整体性，使教学过程与生产过程紧密结合，并保持教学内容的科学性和连贯性。

2. 及时公布开课计划。学校应在本学期结束前3-5周公布下一学期开课计划，并及时汇总审核学生的选课情况，由学校相关管理部门在放假前公布课程表。

（三）选课管理

1. 根据各专业开设课程向学生及时提供包括课程目标、主要内容、教学要求以及任课教师等课程信息和相关服务。

2. 教师要指导学生根据产业发展、社会需要和个人兴趣，按照专业教学实施方案和学期开课计划进行选课。为均衡学生学习份量，保证人才培养规格，学生一学期所学习课程总量一般不超过680学时（含认定学分）。

3. 学生选课后，学校应在规定时间内公布选课结果。

（四）学生管理

1. 以送教下乡方式开展的新型职业农民中等职业教育，一般应选择适应当地主导产业的人才需求、并与学生学习需求比较一致的专业作为主要学习专业，便于学生统一管理和集中实习实践。

2. 加强学生实习实践管理。学生要严格按实践教学大纲、实践实施方案要求和规定参加岗位实践。要对学生的岗位实践有明确的任务要求，通过实践报告、日志，解决实际问题的能力等多方面反映实践成果。学生实习期间原则上不应离开实习地，特殊情况需请假并经指导教师批准。凡实习请假超过全部实习时间的1/3者，或无故缺席达到每门课程学时的10%以上者，其成绩以不及格论。生产实习不及格一般不予补考，随下届学生重新进行生产实习。

九、考试考核

（一）考试考核方式

对学生的考试考核分为过程性考核、终结性考核和实践成果考核三种方式。一门课程要求以上三种考核都要达到合格以上方能通过并给予学分。

1. 过程性考核：对学生的学习过程进行测评，包括考核学生的课堂教学出勤情况、平时作业完成情况、实验实习的实际操作水平、实验实习报告、实习日志、实验实习表现情况等，综合成绩按优秀、良好、合格、不合格四个等级进行评定。

2. 终结性考核：对一门课程的结业考试，成绩采用百分制，60分以上为合格。

3. 实践成果考核：对学生的生产经营技能、实践能力和实践成果的综合测评，成绩分为合格、不合格两个等级。

(二) 考试考核时间

各门课程的过程性考核根据学生参与程度和学习态度综合考评,课程结束后完成测评;终结性考核每学期期末集中进行;实践成果考核随时进行,课程结束后完成综合测评。过程性考核不合格者,一般不允许参加终结性考核;终结性考核不合格者,可在学习有效期限内安排一次补考。

(三) 实践教学考核要求

指导教师对学生的每一项实践教学课程或环节都必须进行严格的考核和认定,并根据学生的实际操作水平、实验实习报告、实习日志、出勤率和实习态度,做出客观评价、综合评定,给出相应的实践成绩,学校负责审核。

1. 实验实习的考核:指导教师根据学生的表现情况和实验实习报告等综合评定。

2. 专业见习的考核:指导教师根据学生在考察学习过程中提交的实习过程登记、实习报告、口试、答辩综合评定,重点考核学生对现代农业理念的理解程度和现代农业技术的掌握程度。

3. 技能实训的考核:指导教师根据学生的现场操作、实习日志、实习报告、出勤率、实习态度评定成绩,重点考核学生的实际操作水平。

4. 岗位实践的考核:指导教师根据实习日志、实习成果等综合评定实习成绩,重点考核学生在生产过程中提出、分析、解决实际问题的能力和生产经营水平提高的程度等。

十、学分制

(一) 实行学分制

新型职业农民中等职业教育实行学分制,以学时数考核学习量，以学分认定学习成果。学时与学分按照 16 个学时折合 1 个学分计算。学分计算以课程为基本单位。每完成一门课程的学习，通过相应的考试考核，即可获得该门课程的学分。累计修满 2720 学时、获得 170 学分即可毕业。

（二）学分的构成

本培养方案的学分由课程学分和认定学分两部分构成。

1. 课程学分：学生参加公共基础课、专业核心课、能力拓展课等课程学习，考试考核合格，获得相应的学分。

2. 认定学分：学生具备的相应农业生产经营技能、学习培训经历、职业资格、表彰奖励等，经认定可以折合一定的学分，认定学分最多不超过 57 学分。

（三）认定学分

1. 学习培训经历认定学分

（1）学生经过职业培训，获得农业行业特有工种或与所学专业方向相关的通用工种的职业资格证书、职业技能等级证书等，可以作为培训经历认定学分。其中取得高级以上证书为 15 学分，中级证书为 12 学分，初级证书为 6 学分。

（2）参加有关部门举办的"阳光工程"、"绿色证书"新型职业农民培训等农业技术技能培训且经考核合格，相应的培训时间可折抵一定的学分，一般可折算 5-10 学分，且不重复计算。

（3）参加各种职业技能、知识、文艺、体育等竞赛并获奖。全国性大赛一等奖 20 个学分、二等奖 15 个学分、三等奖 10 个学分；省级大赛一等奖 10 个学分、二等奖 7 个学分、三等奖 5 个学分；市级大赛一等奖 5 个学分、二等奖 3 个学分、三等奖 2 个学分。同类竞赛不累计加分，并以获奖奖项的最高级别来折算学分。

（4）参加中职、高职以上国民教育实施学校的各种理论实践学习，并通过相应的考核，予以认定并给予学分，至多认定10个学分。

（5）取得外语、计算机、自学考试等国家考试单科合格证书、高中会考合格证书的，予以认定并给予学分，至多认定10个学分。

（6）参加已通过批准立项并结题验收的研究性学习或创新课题、项目，予以认定并给予学分，至多认定10个学分。

（7）有专利发明、科研著作、文学作品发表等，予以认定并给予学分，至多认定10个学分。

2. 职业技能认定学分

一般可选择5-10项可折抵学分的职业技能，每项技能至多可以折抵3学分。每项职业技能，学生须现场演示或者提供相应的证明材料如照片、录像等，通过认定就能获得相应的学分。如以下职业技能可折抵学分：

（1）熟练掌握计算机应用基本操作。

（2）具备英语等外语的基本听说读写能力。

（3）熟练操控农用拖拉机。

（4）具有农用机械维修专项技能。

（5）具有电工专业技能。

（6）具有瓦工专业技能。

（7）具有木工专业技能。

（8）具有钳工专业技能。

3. 从业经历认定学分

每个专业一般可选择若干项可折抵学分的从业经历，每项技

能至多可以折抵 3 学分。学生须出示每项从业经历的证明材料,通过认定就能获得相应的学分。如以下从业经历可折抵学分:

(1) 具有两年以上农村会计工作经历。

(2) 具有两年以上农民技术员、植保员、防疫员、沼气工等专业工作经历。

(3) 具有两年以上较大规模园艺场工作经历,以及果蔬、林木育苗经验和技术。

(4) 具有两年以上较大规模养殖场工作经历,以及畜禽品种繁育经验和技术。

(5) 具有两年以上主要农产品规模化贮藏、加工经验和技术。

(四) 逐步建立农民学分银行

考虑到新型职业农民的地域属性较强,鼓励和支持各省、自治区、直辖市按照本方案探索建立农民学分银行的有效做法,在各地积累经验建立区域性学分银行后,国家将出台统一规范,逐步建立全国性农民学分银行,搭建专业间、学校间、地区间以及学历教育与非学历继续教育间的农民职业教育立交桥。

(五) 学分认定方式

由申请者向认定机构提出书面申请的同时提供证明材料(包括证书、照片、视频等),申请者包括学员个人和有关培训机构。认定机构对申请进行审定,然后通过网站等途径公布认定结果,并接受社会监督。如有疑义,可直接向认定机构反映,认定机构要在一周内公布复审结果。学分认定的意见分为"同意认定并给予学分"和"不予认定"两种。学分认定工作由实施教学的学校具体负责。

学习成绩优良的学生,在学习一个专业的同时或之后,经学校批准，可辅修第二个专业的课程。根据学分互换、替代原则，第二专业与第一专业之间公共基础课学分互认，学生修满第二专业的有关专业技能课程，并取得相应的学分后，学校可发给第二专业毕业证书。转学的学生已修课程的学分可根据学分互认办法予以承认。转专业的学生，已修的课程如属于转入专业教学实施方案的课程，可以记入相应课程学分。

十一、教学保障

（一）办学机构要求

办学机构应是国家承认的涉农中、高等职业学校，包括公办和民办学校；具有连续10年以上的涉农专业办学资历；具备相应的基层办学能力，能够进村、入社、到场，把教学班办到乡村、农业企业、农民合作社、农村社区和家庭农场，方便农民就地就近学习；具有相应专业及课程开发的能力；具有相应的农民教育培训经验和师资力量。

（二）教学条件要求

教学点应具备开展教学的基本条件：有良好的教学场所，能保证各项教学活动的正常开展；有满足教学需要的设备仪器，保证各项教学环节有序实施；有足够数量的高素质的专兼职教师队伍，保障课堂教学和指导实践教学；有相应的教学管理制度以及管理人员，保证教学有序规范展开。

（三）加强师资队伍建设

要注重吸纳长期在农业生产一线工作、经验丰富的农业技术服务人员和经验丰富的"土专家"参与教学，要积极与农业教育、科研、推广机构建立合作关系，聘请有关专家做兼职教师，完善专兼职教师队伍建设，打造一支留得下、用得上、扎住根、对农民有感情的"双师型"教师队伍。

(四) 加强实训基地建设

要加大实训基地建设力度,为实践教学提供必要条件。整合资源,依托农业园区、农业龙头企业、农民合作社和专业大户、家庭农场等,合作建立相关专业实习场所和实训基地,保证实践教学顺利开展。

(五) 教学指导与监管

新型职业农民中等职业教育由各地教育、农业行政主管部门负责发展规划制定、教学机构认定、教学管理与监督。各地新增课程或增设专业,由省级教育行政主管部门进行认定,上报教育部。教育部授权全国农业职业教育教学指导委员会审定。

十二、毕业与颁证

学生在学制有效期限内完成规定的课程学习,考试考核成绩合格,达到规定的毕业学分数,即可毕业,获得国家承认的中等职业教育学历,由学校颁发中等职业学校毕业证书。毕业证书标明"新型职业农民中等职业教育"字样和所学专业为《中等职业学校专业目录》农林牧渔类所列相应专业,后附所学专业方向和修习课程清单及学分表,并按照现行中等职业教育管理方式,在省级教育行政部门备案。

附件:《中等职业学校新型职业农民培养方案试行》主要推荐教学内容(略)

现代职业教育质量提升计划专项资金管理办法

财政部　教育部关于印发
《现代职业教育质量提升计划专项资金管理办法》的通知
财教〔2015〕25 号

各省、自治区、直辖市、计划单列市财政厅（局）、教育厅（局、教委），新疆生产建设兵团财务局、教育局：

　　为规范和加强现代职业教育质量提升计划专项资金管理，提高资金使用效益，根据国家有关规定，财政部、教育部制定了《现代职业教育质量提升计划专项资金管理办法》，现予印发，请遵照执行。

财政部 教育部
2015 年 12 月 22 日

　　第一条　为加强和规范现代职业教育质量提升计划专项资金管理，提高资金使用效益，促进现代职业教育改革发展，根据国家有关法律制度规定，制定本办法。

　　第二条　本办法所称现代职业教育质量提升计划专项资金（以下简称专项资金），是指中央财政通过专项转移支付安排，用于支持现代职业教育改革发展的资金。

　　第三条　专项资金管理遵循"中央引导、省级统筹，科学规划、合理安排，责任清晰、规范管理，专款专用、注重实效"的原则。

第四条 专项资金由财政部、教育部根据党中央、国务院有关决策部署和职业教育改革发展工作重点确定支持内容。现阶段重点支持：

（一）支持各地建立完善以改革和绩效为导向的高等职业院校生均拨款制度，引导高等职业教育创新发展。

（二）支持各地在优化布局的基础上，改扩建中等职业学校校舍、实验实训场地以及其他附属设施，配置图书和教学仪器设备等，推动建立健全中等职业学校生均拨款制度。

（三）支持各地加强"双师型"专任教师培养培训，提高教师教育教学水平；支持职业院校设立兼职教师岗位，优化教师队伍人员结构。

（四）支持其他职业教育改革发展相关工作。具体支持内容和方式，由财政部、教育部根据党中央、国务院有关要求、相关规划以及年度重点工作等研究确定。

第五条 专项资金主要采取因素法进行分配。分配因素包括各省职业教育在校生数、专任教师数、人均可用财力、生均拨款水平、基本办学条件相关指标、办学质量、改革创新、工作努力程度等。各因素数据主要通过相关统计资料和各省份专项资金申报材料获得。

第六条 省级财政、教育部门应当于每年3月15日前向财政部、教育部提出当年专项资金申报材料，并抄送财政部驻当地财政监察专员办事处。逾期不提交的，相应扣减相关分配因素得分。申报材料主要包括：

（一）上年度专项资金安排使用情况，主要包括上年度专项资金使用情况、年度绩效目标完成情况、地方财政投入情况、主要管理措施、问题分析及对策。

（二）当年工作计划，主要包括当年全省职业教育工作目标和绩效目标、重点任务和资金安排计划，绩效目标要明确、具体、可考核。

（三）上年度省级财政安排用于推动职业教育改革发展方面的专项资金统计表及相应预算文件。

第七条 专项资金由财政部、教育部共同管理。教育部提出资金需求测算方案，财政部根据中央财政专项转移支付资金管理相关规定，会同教育部研究确定具体预算金额。

第八条 财政部、教育部于每年全国人民代表大会批准中央预算后九十日内正式下达专项资金预算。每年9月30日前，向各省份提前下达下一年度专项资金预计数。省级财政、教育部门在收到专项资金（含提前下达预计数）后，应当在三十日内按照预算级次将预算合理分配、及时下达，并抄送财政部驻当地财政监察专员办事处。

专项资金支付按照国库集中支付制度有关规定执行。涉及政府采购的，应当按照政府采购有关法律制度执行。

第九条 省级财政、教育部门在分配专项资金时，应当加大省级统筹力度，结合本地区年度职业教育重点工作，注重投入效益，防止项目过于分散，并向农村、边远、贫困、民族地区以及主要经济带等区域经济重点发展地区倾斜，向现代农业、先进制造业、现代服务业、战略性新兴产业等国家亟需特需专业，以及技术技能积累和民族文化传承与创新方面的专业倾斜。

第十条 具体项目承担单位收到专项资金后，要按预算和国库管理有关规定，建立健全内部管理机制，制定资金管理办法，加快预算执行进度。

第十一条 各级财政、教育部门应当按照《中央对地方专项转移支付绩效目标管理暂行办法》（财预〔2015〕163号）要求，做好绩效目标管理相关工作。

第十二条 省级财政、教育部门应当加强统筹管理，合理分配专项资金。省以下教育、财政部门应当督促相关项目单位严格执行项目预算，确保项目如期完成。

属于基本建设的项目，应当严格履行基本建设程序，落实相关建设标准和要求，严禁超标准建设和豪华建设，并确保工程质量。年度未支出的专项资金，按照财政部对结转结余资金管理的有关规定进行管理。

第十三条 财政部、教育部根据各地专项资金使用管理情况，适时开展监督检查和绩效评价。财政部驻各地财政监察专员办事处应当按照工作职责和财政部要求，对专项资金的预算执行实施监管。监督检查、绩效评价和预算监管结果作为分配专项资金的重要参考。

第十四条 专项资金应当专款专用，建立"谁使用、谁负责"的责任机制。严禁将专项资金用于偿还债务、支付利息、对外投资、弥补其他项目资金缺口等，不得从专项资金中提取工作经费或管理经费。对于挤占、挪用、虚列、套取专项资金等行为，将按照《财政违法行为处罚处分条例》（国务院令第427号）等有关规定严肃处理。

第十五条 本办法由财政部、教育部负责解释。各省级财政、教育部门可以根据本办法规定，结合本地实际，制定具体管理办法，抄送财政部驻当地财政监察专员办事处。

第十六条 本办法自2016年1月1日起施行。

国家邮政局　教育部关于加快发展邮政行业职业教育的指导意见

国邮发〔2015〕253号

各省、自治区、直辖市邮政管理局、教育厅（教委），新疆生产建设兵团教育局，有关企业和职业院校，其他有关单位：

邮政业是现代服务业的重要组成部分，是推动流通方式转型、促进消费升级的现代化先导性产业。当前，邮政业发展进入改革创新、转型升级、提质增效的关键时期，但行业人才队伍规模、结构、素质还不能满足现代邮政业创新发展和人民群众日益增长的用邮需要。加快发展邮政行业职业教育，对提高行业人才队伍素质、实现行业科学发展具有重要意义。为贯彻落实全国职业教育工作会议精神和《国务院关于加快发展现代职业教育的决定》《国务院关于促进快递业发展的若干意见》《现代职业教育体系建设规划（2014-2020年）》《邮政行业人才队伍建设中长期规划（2009-2020年）》，现就加快发展邮政行业职业教育提出如下意见。

一、总体要求

（一）指导思想

以邓小平理论、"三个代表"重要思想、科学发展观为指导，深入学习贯彻习近平总书记系列重要讲话精神，坚持以立德树人为根本，以服务行业发展为宗旨，以促进就业为导向，传承和弘扬行业优秀文化，大规模、高质量培养邮政、快递专业人才，为全面建成与小康社会相适应的现代邮政业提供高素质技术技能人才支撑。

（二）基本原则

坚持立德树人，系统培养。把培育和践行社会主义核心价值观融入教育教学全过程，满足学生职业生涯和可持续发展的需要，满足企业对人才的系统化需求，满足行业创新发展对高质量人才的需求。

坚持工学结合，知行合一。加强职业教育的针对性和实践性，坚持问题导向，重点突破，注重教学与实际生产过程的对接，注重教育与社会实践活动的结合，强化以育人为目标的实习实训和考核评价，提升学生的就业和创业能力。

坚持产教融合，校企合作。充分调动企业和院校的积极性，以企业紧缺急需的技术技能人才培养培训为重点，推动企业与各类院校的全方位合作，坚持示范引领，积极稳步推进，让企业参与人才培养全过程。

坚持统筹推进，协同发展。坚持邮电院校和非邮电院校协同，学校教育与职业培训并举，拓展合作范围，拓宽培训领域，大力整合社会资源，合理调整邮政行业职业院校的区域布局、院校结构及专业设置，推动行业职业教育与行业发展改革同步。

（三）目标任务

到2020年，基本建成适应行业转型升级和创新发展要求，中等职业教育、高等职业教育、应用型本科教育和专业学位研究生教育协调发展，学历教育与职业培训并重，产教深度融合，具有中国特色、世界水平的现代邮政职业教育体系。造就一支素质高、能力强、数量足、结构优的现代邮政技术技能人才队伍。

——职业教育规模稳定增长。开设邮政、快递相关专业的院校数量基本满足行业发展需求,专业点布局进一步优化;相关专业招生数量逐年提升,在校生规模显著扩大,与行业人才需求相适应。

——人才培养质量不断提升。创新专业人才培养模式,深化专业课程改革,推进师资队伍、实习实训基地和教材建设,使专业人才培养和产业实际需求相吻合,学生职业素养、技术技能水平和就业创业能力不断提高。

——从业人员素质明显提高。通过分类推进、立体培养,强化继续教育,推进从业人员学历层次和知识结构持续优化,具备职业资格的从业人员比例稳步提升。实现企业员工岗前培训、安全教育和职业道德教育全覆盖,从业人员职业素养和技术技能水平全面提升。

二、加快推进邮政行业职业教育体系建设

(四)扩大人才培养规模。各地教育行政部门和邮政管理部门要制定积极有效的政策措施,引导和支持职业院校设置邮政、快递相关专业,建设一批国家级邮政行业人才培养基地。各地教育行政部门要通过分类招生、增加招生计划等,逐步扩大高等职业院校邮政、快递专业规模。设置邮政行业职业技能鉴定站的院校原则上应当开设邮政、快递专业。鼓励社会资本开办设有邮政、快递专业的职业院校,鼓励行业骨干企业或示范职业院校牵头组建跨区域邮政行业职业教育集团。

(五)鼓励发展邮政、快递相关专业本科及研究生教育。引导和鼓励一批普通本科高校紧紧围绕行业转型升级需要,增设邮政、快递相关本科专业,培养应用型本科人才,并探索邮政、快递专业学位研究生教育。有关高校要强化相关学科建设，提升理论研究水平，为企业和教育、科研机构等培养输送邮政、快递业务骨干和高层次教学科研人员。

（六）实现人才培养机制的衔接和贯通。鼓励普通高校、职业院校与企业建立学分认证、积累与转换制度，推进全日制学历教育、继续教育与职业培训之间的沟通衔接，建立专业人才培养的"联通路"。积极构建中等职业教育、高等职业教育、应用型本科教育和专业学位研究生教育紧密衔接的纵向通道，搭建专业人才成长的"立交桥"。

（七）加强从业人员职业培训。明确并强化企业用人、育人的双主体作用，引导企业建立完整的岗位规范和员工培训标准，坚持先培训、后上岗，不培训、不上岗。企业应优先招收职业院校相关专业的毕业生，不能设置就业歧视政策。企业要支持员工通过职业培训提高职业素养和专业技能，逐步建立职业资格等级与工资待遇挂钩制度。鼓励企业依托职业院校建立职工培训中心或企业大学，重点开展专业技能培训、安全教育和诚信文化教育等，不断优化人才队伍的素质和结构。

三、全面提高人才培养质量

（八）创新人才培养模式。推进产教深度融合，遴选和推广一批国家级邮政、快递产教融合示范项目。鼓励职业院校与邮政、快递企业合作开展现代学徒制试点，实现校企联合培养、一体化育人。推行跨区域招生，按照教育部规定开展"中高职贯通""专接本"等培养模式的试点。全面实行邮政、快递专业"双证书"制度，使学生在取得毕业证书的同时获得职业技能考试合格证书。对于已取得邮政、快递相应等级职业资格且符合条件的从业人员，可由职业院校按相关规定择优免试录取。

（九）推进职业院校示范专业点建设。各相关职业院校要围绕邮政业与电子商务、先进制造业、交通、金融等产业融合发展需要，突出专业特色，改造教学内容，创新教学模式，加强邮政、快递专业建设。各级教育行政部门会同邮政管理部门要遴选和建设一批理念先进、特色鲜明、引领辐射作用强的国家级、省级职业院校邮政、快递专业建设示范点，在政策和经费上予以支持。

（十）健全课程教材体系。建立邮政行业职业标准与专业教学标准联动开发机制，推进专业设置、专业课程内容与职业标准相衔接。对接职业标准、行业标准和企业岗位规范，制定专业教学标准、课程标准和顶岗实习标准等。鼓励职业院校借鉴、引入企业优质培训资源，制定专业人才培养方案。全国邮政职业教育教学指导委员会要加快邮政、快递专业教材开发，组织编制有关推荐教材书目，向全国重点推广。在职业教育国家规划教材建设项目中，加大对邮政、快递专业教材建设的支持力度。

（十一）建设"双师型"教师队伍。建立健全普通高校、行业、企业、科研院所与职业院校协同培养教师的新机制，建设一批邮政、快递职教师资培养培训基地。实行邮政、快递相关专业教师五年一周期的全员培训，逐步加大国家级培训力度。鼓励企业建立教师实践基地，实行新任教师先实践、后上岗和教师定期实践制度。鼓励企业技术骨干到职业院校担任兼职教师，提高"双师型"专业教师比例。

（十二）推进邮政、快递专业实训基地建设。鼓励院校与企业联合建设兼具生产、教学和研发功能的实训基地，实现教学与生产过程的有效对接。对照企业岗位实际要求，跟踪企业技术进步，吸引企业全程参与高水平示范性实训基地建设。鼓励分区域、分专业群建设公共实训基地，推动实训装备和基地的合理配置和共建共享，提高使用效益。鼓励企业积极设立学生实习岗位，加强学生实习教学、管理和服务，突出做中学、做中教，强化实习的教学性和实践性，促进学以致用，用以促学。

（十三）加快信息化教学建设。加大邮政、快递专业数字化教学资源的开发力度，支持邮政、快递专业建设国家职业教育专业教学资源库，实现课程标准、电子教案和职业技能标准等资源共享。开展专业教师信息化教学能力提升培训，支持邮政、快递专业教师参加全国职业院校信息化教学大赛。推动信息化环境下教学模式的变革，推进信息技术在教学中的广泛应用。

（十四）大力培育行业文化与职业精神。构建常态化、长效化的行业文化与职业精神培育机制，重视"诚信、服务、规范、共享"的行业核心价值理念与敬业守信、精益求精、勤勉尽责的职业精神的培养。充实思想道德、法治、安全、纪律教育内涵，积极开展富有行业文化特色的志愿服务和"创业、创新"大赛等校园文化活动，增强学生对行业文化和职业精神的理解与认同。

四、完善保障机制

（十五）加强组织领导。各级邮政管理部门和教育行政部门要高度重视，建立邮政行业职业教育工作定期沟通协商机制，协调和处理邮政行业职业教育发展中的重大事项。各地教育行政部门要在专业建设、师资培养、招生就业、学生奖助等方面制定并落实相应的优惠政策。各级邮政管理部门要明确邮政行业职业教育的工作机构，制定职业教育工作计划并纳入相关人才培养规划，加强就业指导，引导和鼓励邮政、快递及相关专业毕业生对口从事邮政、快递工作。

（十六）保障经费投入。多渠道筹措资金，保证当地开设邮政、快递专业的职业院校的办学经费投入。各地教育行政部门要积极会同财政等相关部门，建立与本地邮政、快递业发展水平相适应的职业教育经费保障机制，落实邮政职业教育生均经费标准。各级邮政管理部门要通过购买服务等方式支持行业人才培养基地建设、专业课程开发、重点课题研究等。企业应按照职工工资总额的1.5%-2.5%足额提取职工教育培训经费，保证经费专项用于职工特别是一线职工的教育和培训，严禁挪作他用。

（十七）强化行业指导。加强全国邮政职业教育教学指导委员会的指导能力建设，完善组织机构，拓展服务领域，提升指导和服务水平。各级教育行政部门和邮政管理部门要完善工作机制，通过授权委托、购买服务等方式把适宜行业承担的职责交给行业组织，并强化服务监管。各相关职业院校要积极吸收行业专家进入学术委员会和专业建设指导机构，在专业设置评议、人才培养方案制定等方面主动接受行业指导。

（十八）推动企业参与。企业应完善企业职业教育和员工培训制度，指定专门机构或专人负责职工教育培训、对接职业院校，设立学生实习和教师实践岗位，积极与职业院校开展订单式、现代学徒制人才培养，优先招收邮政、快递专业毕业生。企业应发挥办学作用，举办或参与举办职业教育，鼓励企业和公办职业院校合作开办混合所有制性质的二级学院。

（十九）加大舆论宣传。各级教育行政部门、邮政管理部门、企业、职业院校、有关协会等要加大宣传力度，强化舆论引导，提升邮政行业的职业形象和社会美誉度，营造有利于邮政行业职业教育发展的良好氛围，使从事邮政职业光荣、服务民生伟大的理念深入人心，在社会上形成关心和支持邮政技术技能人才培养的良好环境，促进邮政行业职业教育健康发展。

国家邮政局　教育部

2015年11月16日

国家旅游局 教育部关于加快发展现代旅游职业教育的指导意见

国家旅游局 教育部关于印发
《加快发展现代旅游职业教育的指导意见》的通知
旅发〔2015〕241号

各省、自治区、直辖市、计划单列市旅游委、局,教育厅、教委、教育局,新疆生产建设兵团旅游局、教育局:

为加快发展现代旅游职业教育,培养适应旅游产业发展需求的高素质技术技能和管理服务人才,根据《国务院关于加快发展现代职业教育的决定》(国发〔2014〕19号)、《国务院关于促进旅游业改革发展的若干意见》(国发〔2014〕31号)、《国务院办公厅关于进一步促进旅游投资和消费的若干意见》(国办发〔2015〕62号)和旅游业"515战略"有关精神和要求,我们制定了《加快发展现代旅游职业教育的指导意见》,现印发给你们,请遵照执行。

国家旅游局 教育部
2015年10月26日

近年来,我国旅游职业教育快速发展,培养了大批技术技能人才和管理服务人才，为提高旅游从业人员素质、推动旅游经济发展和促进旅游就业做出了重要贡献。但同时也要看到，当前旅游职业教育与旅游业发展要求还有一定差距，专业布局和结构不尽合理，校企合作不够深入，国际化水平不高，办学保障有待加强，质量有待提高。加快发展现代旅游职业教育对于提升旅游产业发展质量，提高旅游服务水平，更好地发挥旅游产业在扩内需、稳增长、增就业、减贫困、惠民生中的独特作用，实现将旅游业建设成为国民经济的战略性支柱产业和人民群众更加满意的现代服务业两大战略目标等都具有十分重要的意义。为贯彻落实《国务院关于加快发展现代职业教育的决定》（国发〔2014〕19号）、《国务院关于促进旅游业改革发展的若干意见》（国发〔2014〕31号）、《国务院办公厅关于进一步促进旅游投资和消费的若干意见》（国办发〔2015〕62号）和旅游业"515战略"要求，加快发展现代旅游职业教育，现提出以下意见。

一、指导思想

贯彻落实党中央、国务院的决策部署，服务"四个全面"战略布局，以服务旅游业发展为宗旨，以促进旅游就业创业为导向，按照政府推动、市场引导，服务需求、就业导向，产教融合、特色办学的原则，加强统筹指导，深化体制机制改革，加快构建现代旅游职业教育体系，深化产教融合、校企合作，培养适应旅游产业发展需求的高素质技术技能和管理服务人才。

二、目标任务

加强对旅游职业教育改革发展的统筹指导和综合保障，大力改善旅游人才观念，优化旅游职业教育育人环境，强化行业企业的支持和参与度，加快建立适应旅游产业发展需求、产教深度融合、中职高职有机衔接、布局结构更加合理、行业培训更加完善的现代旅游职业教育体系，显著提升旅游专业学生和行业从业人员的人文素养、职业道德、职业技能和可持续发展能力。

三、主要举措

（一）优化专业结构。引导旅游职业院校结合自身优势，科学准确定位，围绕"互联网+""旅游+"，适应旅游新业态、新模式、新技术发展，紧贴市场、紧贴产业、紧贴职业设置专业，发展专业特色，着力解决目前旅游专业结构不合理、特色不鲜明、发展不平衡的问题。教育部会同国家旅游局遴选和建设一批国家级示范专业点和特色专业点，推动形成适应需求、特色鲜明、效益显著的旅游专业群，带动全国旅游类专业建设水平整体提升。

（二）丰富办学类型。加强普通本科旅游类专业，特别是适应旅游新业态、新模式、新技术发展的专业应用型人才培养。支持有条件的地方举办独立设置的旅游类高等学校。不断扩大旅游管理硕士专业学位研究生培养院校数量和培养规模。支持各类办学主体捐资、出资举办旅游职业教育，发展民办旅游职业教育。引导社会力量参与旅游职业教育，共同开发课程、教材、参与办学、管理和评价等。推动旅游职业院校依法制定体现旅游职业教育特色的章程和制度，完善治理结构，提升治理能力，建立学校、行业、企业等共同参与的学校理事会或董事会。进一步扩大旅游职业院校在专业设置、人事管理、教师评聘、收入分配等方面的自主权。

（三）完善专业课程体系。建立专业教学标准和旅游职业标准联动开发机制，形成对接紧密、特色鲜明、动态调整的旅游职业教育教学标准体系。教育部联合国家旅游局组织开发旅游相关专业教学标准、实习标准、专业仪器设备装备规范和行业人才评价标准等。鼓励校企联合开发专业课程，增加任务驱动型、项目开发型、行动研究型、案例教学型课程数量。组织开展优质课程资源建设，搭建旅游职业教育国家级数字化课程资源共享平台，支持开发一批数字化课程资源包。

（四）加强实践性教学。推动专业教学紧贴旅游技术进步和旅游服务实际，加大实践性教学比例，提高"双师型"教师和企业兼职教师承担教学任务比例。推广"多学期、分段式""淡旺季工学交替"等顶岗实习模式。创新学生评价方式，加强职业能力测评，提高职业实操性内容在学生考试测评中所占比例。国家旅游局组织实施"万名旅游英才计划——实践服务型英才培养项目"，资助在校生开展行业产业实践服务，到2020年共资助1000个项目团队。进一步扩大全国职业院校技能大赛的旅游专业覆盖面，研究开展与旅游新业态、新职业发展相适应的新赛项。

（五）深化校企合作。引导旅游企业充分发挥重要办学主体作用，积极推动校企联合招生、联合培养、一体化育人的现代学徒制试点。支持旅游企业，特别是龙头企业牵头组建旅游职业教育集团，发挥旅游职教集团在促进旅游产业链和旅游职业教育链有机融合中的重要作用。到2020年，国家旅游局在重点旅游企业建设100个国家级旅游职业教育实习实训基地和300个"技术技能大师工作室"，资助开展一批创新型示范性校企合作项目。

（六）加强"双师型"教师培养。完善专任教师评聘办法，提高有企业实践经历人员和高级技术技能、管理服务人才担任专职教师的比例。通过多种途径，加大旅游专业带头人、教学骨干和"教练型"教学名师培养力度。国家旅游局设立专项资金，到2020年共资助1000名教师开展教学研究，培训1000名骨干"双师型"教师。各地、各职业院校应严格执行新任教师先实践、后上岗和教师定期实践制度，从实际出发探索有效形式，提高教师企业实践针对性和实效性。

（七）提升国际化水平。支持旅游职业院校开展国际交流与合作，学习先进办学理念，引进优质教育资源，开发与国际先进标准相对接的专业课程标准。拓展海外实习实训渠道，扩大海外实习规模。支持有条件的职业院校开办国际化专业，招收留学生。推动实施高水平、示范性中外合作办学。探索与出境旅游快速发展相配套的旅游职业教育发展模式，支持优质旅游职业院校到国（境）外办学，培养符合中国游客境外旅游需要的本土化人才。国家旅游局加强与相关部门合作，支持一批旅游专业骨干教师和优秀学生到国外高水平院校留学进修，搭建与国外高水平院校沟通协作的平台。

（八）开展创新创业教育。围绕大众创业、万众创新和促进旅游就业等相关要求，大力开展旅游创新创业教育。各职业院校要围绕创新创业教育目标要求，促进专业教育与创新创业教育有机融合，挖掘和充实各类专业课程的创新创业教育资源，在传授专业知识过程中加强创新创业教育。国家旅游局会同教育部在旅游职业院校和旅游企业建设一批创新创业教育示范基地和旅游产业（产品）研发创新中心。国家旅游局组织开展

"万名旅游英才计划-创新创业型英才培养项目",到 2020 年,共资助 300 个项目团队。

(九)加强行业培训。建立健全行业自律管理、企业主体实施、院校和社会广泛参与的旅游行业培训体系。充分利用院校资源开展行业培训,开发完善培训标准,提高培训信息化水平。国家旅游局组织开展行业从业人员远程培训,开发优质培训资源和网络课程;组织开展"名导进课堂"工程,中高级导游"云课堂"研修项目,旅游职业经理人培训项目和旅游行政管理人员培训项目,实施"万名旅游英才计划——旅游企业拔尖骨干人才培养项目"等行业重点人才培训项目。

四、保障措施

(十)加强组织领导。各级教育行政部门、旅游部门要建立协同配合、各负其责的工作机制,加强旅游职业教育人才培养的指导和政策保障。各地教育行政部门要会同财政部门建立与本地旅游业发展水平相适应的经费保障机制,落实旅游职业教育生均经费标准。要支持旅游职业院校加强基础能力建设。加大对欠发达地区、民族地区旅游职业教育支持力度,支持符合条件的东部地区旅游职业院校根据中西部地区实际需求,扩大面向中西部地区的招生规模,开展东西部合作办学。各级旅游部门要将旅游职业教育纳入旅游业发展规划,设立专项经费支持旅游职业教育改革发展,加大对行业举办旅游职业教育的经费投入和保障。要加快完善旅游职业标准体系和就业准入制度,严格执行旅游法律法规对有关职业从业资格的规定。支持在符合条件的职业院校设立职业技能鉴定所(站),完善职业院校毕业生取得相应职业资格证书的办法。

（十一）强化行业指导。充分发挥全国旅游职业教育教学指导委员会在旅游职业教育中的研究、咨询、指导和服务作用。支持旅游行业参与职业院校旅游类教学工作诊断与改进，进一步规范旅游职业教育办学，建立优胜劣汰机制，扩大优质教育资源示范辐射效应，推动区域内院校协同均衡发展。积极开展人才需求预测、毕业生跟踪调查、用人单位满意度调查等。发挥桥梁纽带作用，搭建校企政、产学研多种形式的对话合作平台，提高教育与行业、产业、市场的对接，促进产业资源向教育资源转化。针对旅游职业教育发展中的重点难点问题，开展教育教学研究。参与旅游职业教育教材质量监测与评价，引导规范教材开发和使用。

（十二）落实企业责任。各级旅游部门要充分运用行业政策的杠杆效应，推动旅游企业大力参与旅游职业教育办学。要将旅游企业参与旅游职业教育情况纳入旅游企业等级、星级评价指标体系，并作为行业各级各类评选表彰重要条件。完善旅游企业接收学生顶岗实习和教师顶岗实践制度，规模以上旅游企业要建立职业院校学生和教师实习实践基地或项目。要将开展职业教育的情况纳入企业社会责任报告。鼓励有条件的企业在旅游职业院校设立奖助学金。旅游企业要依法履行职工教育培训的责任，提高岗位培训的制度化、规范化、标准化水平，为员工提供在职学习、提升学历、提高专业技能的多种渠道和机会。

交通运输部　教育部关于加快发展现代交通运输职业教育的若干意见

交人教发〔2016〕179号

各省、自治区、直辖市交通运输厅（委）、教育厅（教委），新疆生产建设兵团交通局、教育局：

为贯彻落实全国职业教育工作会议和《国务院关于加快发展现代职业教育的决定》（国发〔2014〕19号）精神，加快发展现代交通运输职业教育，全面提高技术技能人才培养质量，现提出以下意见。

一、重要意义

（一）加快发展现代交通运输职业教育，是落实党中央、国务院重大战略决策的重要体现。交通运输是国民经济的基础性、先导性、服务性行业，是经济社会发展的重要保障。交通运输职业教育是我国职业教育体系的重要组成部分，是技术技能人才培养的重要基地，面向交通生产建设一线，承担着普及专业知识、推广实用技术、培养技术技能人才、促进农村劳动力转移、服务城乡和区域经济社会发展的重要任务，对创造更大人才红利、促进就业和改善民生具有重要意义，具有很强的社会性、基础性和战略性。必须贯彻落实党中央、国务院战略决策，以现代理念、战略眼光和务实举措加快发展现代交通运输职业教育，当好我国现代职业教育发展的先行官。

（二）加快发展现代交通运输职业教育是促进交通运输转型

升级提质增效,推进交通运输现代化、建设世界交通强国的重要保障。当前和今后一个时期是交通运输行业贯彻落实创新、协调、绿色、开放、共享发展理念,促进交通运输转型升级提质增效,推进交通运输现代化的重要时期。人才是交通运输事业发展的根本保障,推进交通运输现代化归根到底依靠人才。目前,交通运输行业从业人员众多,其中技术技能人才尤其高技能人才占比明显低于全国平均水平,必须完善人才培养体系,加快发展职业教育,提高人才培养质量,缩小人才保障国际差距,为推进交通运输现代化、建设世界交通强国提供坚强的人力保障。

二、总体要求

(一)指导思想。

全面贯彻落实党的十八大和十八届二中、三中、四中、五中全会精神和习近平总书记系列重要讲话精神,准确把握"四个全面"战略布局,牢固树立创新、协调、绿色、开放、共享发展理念,服务国家重大战略实施和世界交通强国建设,以立德树人为根本,以服务发展为宗旨,以促进就业为导向,坚持政府主导、行业指导、企业参与,统筹推进交通运输职业教育创新发展,促进大众创业、万众创新,全面提高人才培养质量,为交通运输科学发展提供坚强的人才保障。

(二)基本原则。

——坚持立德树人。遵循现代交通运输业发展规律、职业教育发展规律和学生身心发展规律,把培育和践行社会主义核心价值观、弘扬交通职业精神融入教育教学全过程,关注学生职业生涯和可持续发展需要,促进学生人人成才、全面发展。

——坚持需求导向。充分发挥市场在资源配置中的决定性作用，推动职业院校面向社会和交通运输行业需求办学，增强适应市场经济的能力。进一步发挥交通运输企业、职业院校和社会各方面的积极作用，激发办学活力，最大限度释放改革红利。

——坚持开放创新。用新理念引领，实现职业教育与交通运输行业技术进步、产业升级、创新驱动相适应。加强国际合作与交流，推进教育教学改革创新，提升技术技能人才培养的国际竞争力。

——坚持行业指导。加强行业指导、评价和服务，推动教育教学改革与交通运输转型升级衔接配套，发挥行业企业重要办学力量的作用，以产教融合、校企合作为途径，推进行业企业参与技术技能人才培养全过程，实现校企协同育人。

（三）发展目标。

通过体制机制创新，进一步优化专业结构，改革人才培养模式，强化教育教学保障，到2020年，交通运输职业教育结构规模更加合理，人才培养和现代交通运输发展需求相吻合，整体实力显著增强，教育质量持续提高，形成产教深度融合，中等与高等职业教育有机衔接，职业教育与普通教育、继续教育相互沟通，体现终身教育理念，具有行业特色、国际水准的现代交通运输职业教育人才培养体系。

三、主要任务

（一）扩大优质职业教育资源。

1. 完善职业教育布局结构。应从本地区实际出发，规划交通运输职业院校布局结构。东部地区和大中城市要根据经济转型升级的需要，鼓励交通运输中等职业学校整合办学资源，提高核心竞争力；专科高等职业院校应不断强化特色、培育优势，提高现代化水平。中西部地区要多渠道筹措资金增强职业教育基础能力，提高服务当地交通生产建设一线的中等、高等职业教育质量。鼓励交通运输类高等职业学校与应用型本科高校在发挥各自优势的基础上开展合作办学，培养造就高水平技术技能人才。

2. 创新形成多元办学格局。支持社会力量参与公办交通运输职业院校建设与改革，支持社会力量通过购买、承租、委托管理等方式改造办学活力不足的公办职业院校，建立股份制、混合所有制职业院校。鼓励企业和公办职业院校合作举办混合所有制性质的二级学院（系）。支持专业技术人才、高技能人才在职业院校建立股份合作制工作室。

3. 推进职业教育集团化办学。科学规划与推进职业教育集团办学发展，促进技术技能积累与创新，形成教育链与产业链的融合。组建2—3个行业性示范职业教育集团。支持示范（骨干）职业院校牵头组建面向交通运输行业发展需要的区域性职业教育集团。支持组建跨区域、跨行业的复合型职业教育集团。鼓励与支持服务国家重大战略实施的集团化办学建设。建立健全职业教育集团化办学运行机制，提升职业教育集团服务能力和发展活力。

4. 建设高水平优质职业院校。以示范建设为引领提升交通运输职业教育整体水平，推进建设50所办学定位准确、专业特色鲜明、人才培养质量高、社会服务能力强、综合办学水平领先、与行业发展需要契合度高、行业优势突出的交通运输高水平优质职业学校。持续深化内涵建设，大幅提升技术创新服务能力，实质性扩大国际交流合作，培养杰出技术技能人才，提升学校对行业发展的贡献度，争创国际先进水平。

（二）完善现代职业院校制度。

5. 加强和改进党的领导。高等职业院校要加强党对学校的领导，坚持和完善党委领导下的校长负责制，健全党委统一领导、党政分工合作、协调运行的工作机制。坚持和完善中等职业学校校长负责制，充分发挥学校党组织的政治核心作用，校长的决策指挥作用，学校领导班子的集体作用。进一步加强和改进新形势下学校思想政治教育工作，牢牢把握意识形态工作领导权，不断坚定师生中国特色社会主义道路自信、理论自信、制度自信、文化自信，有效发挥基层党组织战斗堡垒作用和党员先锋模范作用。

6. 健全职业院校治理结构。依法制定体现交通运输职业教育特色的学校章程，加强职业院校治理体系和治理能力建设。支持建立由办学相关方代表参加的理（董）事会机构，完善决策议事机制和合作治理制度。完善职业院校内部管理体制与监督制约机制，推进现代职业院校制度建设，增强办学活力，提高办学质量，建立依法治校、自主办学、民主管理的运行机制，完善绩效评价制度，提高职业院校自身吸引力、核心竞争力和社会美誉度。

（三）优化交通运输专业结构。

7. 引导职业院校调整专业设置。面向交通运输现代化，服务国家重大战略实施，推进传统交通运输类专业改革与建设，强化实用性，并注重向高端化、低碳化、智能化方向发展。适应新技术、新业态发展要求，聚焦新一代信息技术、智能制造融合发展，重点发展综合交通、智慧交通、绿色交通、平安交通等领域新兴专业。

8. 重点推进特色示范专业建设。立足行业发展实际，建设100个交通运输类特色示范专业点。突出交通运输专业特色，创新人才培养模式，深化相关专业课程改革，强化师资队伍和实训基地建设，提高技术技能人才培养质量。以特色示范专业为引领，整体提升交通运输类专业建设水平。

9. 建立专业教学诊断与改进机制。探索开展交通运输类专业层面的教学诊断与改进工作，以交通运输企业用人标准为依据制订专业诊断方案，通过结果评价、结论排名、建议反馈等形式，建立职业院校专业建设与改革的倒逼机制。推动职业院校建立健全全员参与、全程控制、全面管理的内部质量保证体系，形成可持续的诊断与改进工作机制，全面保证技术技能人才培养质量。

（四）深化人才培养模式改革。

10. 落实立德树人根本任务。大力加强社会主义核心价值观教育，帮助学生树立正确的世界观、人生观和价值观。统筹推进活动育人、实践育人和文化育人，促进全员全过程全方位育人。加强学生文化基础教育和创新创业教育，探索有效方式和途径，把提高学生职业技能、职业素养和培养工匠精神高度融合，形成常态化的职业精神培育长效机制。

11. 畅通人才成长渠道。探索构建交通运输职业教育中职、专科高职、应用型本科、专业学位研究生培养体系，加强中等和高等职业教育紧密衔接，推动职业教育与普通教育、继续教育相互沟通，搭建人才成长"立交桥"。畅通一线技术技能人才继续学习深造路径，建立在职人员学习—就业—再学习的通道。

12. 大力开展现代学徒制培养。鼓励交通运输职业院校与交通建设养护、运输、物流、港口等领域规模以上企业合作开展现代学徒制培养试点，完善校企双主体育人机制，明确学校与合作企业的权利与义务，探索人才培养成本分摊机制。按照责任共担、合作共赢、服务企业发展和促进学生就业的要求，联合开展招生招工、培养管理，实现资源共建共享、学校与企业协同育人。

13. 推进专业教学紧贴生产实际。创新校企协同育人的途径和方式，深化内涵建设，形成对接职业标准、行业标准和岗位规范，紧贴实际工作过程的课程体系。完善教材开发遴选和评价机制，推进数字教学资源共建共享。将教学过程和交通运输企业生产过程紧密结合，推行"秋去春回""三明治"等工学交替的分段式教学组织管理形式。普及推广激发学生学习兴趣和积极性的教学方式方法。进一步推进职业院校交通运输类专业"双证书"制度。开展各级各类职业技能竞赛。

（五）提升教育教学保障水平。

14. 强化专任教师培养培训。依托高水平本科院校、交通科研院所和大中型交通运输企业，建立10个左右职业教育师资培养基地，开展职业教育师资定向培养。各职业院校应建立一批教师企业实践基地，建立教师定期实践制度，强化新型教师队伍建设，提升教师创新能力，探索高层次"双师型"教师培养模式。培养造就一批"教练型"教学名师和专业带头人，每两年评选30名"交通职教名师"。

15. 加强兼职教师队伍建设。深化产教融合、校企合作，鼓励交通运输职业院校按照国家相关规定聘请企业管理人员、工程技术人员和能工巧匠担任兼职教师，主要承担专业课程教学和实践教学任务，加强兼职教师的职业教育教学规律与教学方法培训。鼓励交通运输企事业单位为职业院校提供兼职教师，并把企事业单位兼职教师任教情况作为个人业绩考核的重要内容。

16. 共建生产性实训基地。以交通运输主干专业和急需紧缺技术技能人才培养为重点，校企共建生产性实训基地，建成一批职业能力培养虚拟仿真实训中心，推进基础设施建养、道路交通、汽车维修、港口航运、安全应急、信息化等技术技能人才实训基地建设。鼓励企业为职业院校提供教育教学实践基地，确保工学结合人才培养模式改革。

（六）发挥职业教育服务功能。

17. 服务国家国际产能合作战略实施。积极推进与"一带一路"沿线国家开展职业教育合作，为当地培养交通运输类技术技能人才。发挥职业院校专业优势，配合"走出去"交通运输企业面向当地员工开展技术技能培训，培养符合交通运输企业开展国际产能合作需要的本土人才。注重培养与交通运输企业"走出去"相配套的技术技能人才。

18. 实施交通运输职业教育精准援助。推进东部地区职业院校（集团）对口支援中西部地区职业院校，推动建立发达地区和欠发达地区职业教育合作办学工作机制。继续推进援疆、援青、援助六盘山片区交通运输职业院校工程，采用"走出去、请进来"的方式，聚焦援助工作重点，全方位开展对口援助。

分期分批对中西部地区交通运输职业院校教师和管理人员开展培训，提升教师和管理人员的能力水平，推进交通运输职业教育均衡发展。

19. 积极开展多种形式的职业培训。坚持全日制教育和职业培训并举，建立有利于交通运输从业人员接受职业教育的灵活学习制度。推进交通运输从业人员继续教育工作，实施知识更新工程，依托交通运输职业院校和培训机构，开展农村劳动力转移和新入职交通运输从业人员培训，实施"学分制、菜单式、模块化、开放型"教学。加强继续教育基地建设，建成一批职工继续教育品牌职业院校，为加强企业职工继续教育提供有力支撑。

20. 提高科技应用服务能力水平。鼓励交通运输职业院校与行业企业、科研院所等多方共建应用技术协同创新平台（中心）、技术工艺和产品开发中心、实验实训平台、技能大师工作室等技术技能积累与创新平台，促进新技术、新材料、新工艺、新装备的推广应用，实现先进成熟适用技术的工程化产业化应用。

四、保障措施

（一）强化任务落实。

各地交通运输主管部门、企事业单位要将职业教育纳入本地区、本部门（单位）的发展规划，积极支持交通运输职业教育的发展。各地教育行政部门要支持交通运输职业教育的发展，加强与交通运输主管部门的联系，建立联动工作机制，充分发挥行业主管部门举办职业教育的重要作用，办好本地区的交通运输职业教育。充分发挥交通运输职业教育教学指导委员会的研究、咨询、指导和服务功能，发挥各级各类交通运输行业协会、学会、研究会的作用，履行推动职业教育发展中的工作职责。

（二）加大经费投入。

各地交通运输主管部门和教育主管部门应积极办好交通运输类职业院校，统筹发挥好政府与市场的作用，充分利用现有政策，拓宽办学筹资渠道，加大对职业院校的投入。鼓励职业院校建立教育发展基金会，接受来自企事业单位、社会团体和公民个人的捐赠。交通运输企业应按照《国务院关于加快发展现代职业教育的决定》要求，依法履行职业教育培训和足额提取教育培训经费的责任。

（三）营造良好环境。

坚持"先培训，后就业""先培训，后上岗"原则，对交通运输行业中从事特殊工种的劳动者，严格落实就业准入法规和政策。深化收入分配制度改革，提高技术技能人才的各项待遇。鼓励企业建立高技能人才职务津贴和特殊岗位津贴制度，完善一线劳动者的表彰奖励制度。选拔各级各类一线能工巧匠和技术能手，鼓励在一线岗位建功立业和带徒传承技艺。引导全行业树立重视职业教育的理念，促进形成"劳动光荣、技能宝贵、创造伟大"氛围。

交通运输部　教育部
2016 年 10 月 14 日

职业院校教师素质提高
计划项目管理办法

教育部办公厅关于印发
《职业院校教师素质提高计划项目管理办法》的通知
教师厅〔2017〕3号

各省、自治区、直辖市教育厅（教委），各计划单列市教育局，新疆生产建设兵团教育局，全国重点建设职教师资培养培训基地：

根据《教育部财政部关于实施职业院校教师素质提高计划（2017—2020年）的意见》（教师〔2016〕10号）精神，经商财政部，我部按照职责分工研究制定了《职业院校教师素质提高计划项目管理办法》。现印发给你们，请遵照执行。

教育部办公厅
2017年3月31日

第一章 总 则

第一条 为规范和加强职业院校教师素质提高计划（以下简称"计划"）项目管理工作，确保项目实施质量和成效，根据《教育部 财政部关于实施职业院校教师素质提高计划（2017—2020年）的意见》（教师〔2016〕10号）、《财政部 教育部关于印发〈现代职业教育质量提升计划专项资金管理办法〉的通知》（财教〔2015〕25号）和国家相关法律规章制度，制定本办法。

第二条 "计划"以造就一支师德高尚、素质优良、技艺精湛、结构合理、专兼结合的高素质专业化"双师型"教师队伍为总体目标，按照中央引领、地方为主，对接需求、重点支持，协同创新、注重实效，规范管理、确保质量的实施原则，国家明确工作重点，中央财政予以经费支持，示范带动各省（区、市）根据国家要求组织实施相关项目。

第三条 "计划"设置职业院校教师示范培训、中高职教师素质协同提升、校企人员双向交流合作三项任务。具体任务是：2017—2020年，分年度组织职业院校教师校长分层分类参加国家级培训，提高教师教育教学水平和校长办学治校能力；开展中等职业学校、高等职业学校、应用型高校教师团队研修和协同创新，创建一批教师专业技能创新示范团队；推进教师到企业实践和设立兼职教师特聘岗位，畅通校企人员双向交流合作渠道。

第四条 本办法所称职业院校是指经政府有关部门依法批

准建立，实施全日制中等学历教育的各类中等职业学校、实施全日制高等学历教育的高等职业学校和高等专科学校，含高等学校附属的高职（专科）学院、中专部、中等职业学校等。

第二章 职责分工

第五条 教育部负责"计划"的总体规划、年度任务部署和绩效考评，出台项目管理制度，统筹协调区域、机构合作，推进优质资源共享共用，完善教师专业发展支持服务体系。会同财政部制订年度绩效目标和实施任务，发布项目承担单位资质标准和条件，审定地方年度项目规划方案。依托项目管理机构，完善信息管理平台，成立专家指导委员会，组织开展质量监测、督查指导和跟踪问效。

第六条 各省级教育行政部门要会同财政部门围绕五年一周期教师全员培训的整体目标，根据"计划"项目设置要求，出台本地区"计划"实施办法，开展项目需求调研，支持教师培养培训基地专业建设，开发教师培训课程资源，完善机构、人员和经费保障，分年度制定本地区项目规划方案，实施过程管理和质量监控，开展检查指导和绩效考评，全力做好年度项目组织实施工作。

第七条 项目承担单位负责组织需求调研，制订项目实施方案。整合集中本单位优质资源，申报承担相关项目任务。落实必要的设施设备、人员、经费等条件，做好后勤保障，高质量实施项目任务。支持"双师型"名师工作室、教师技艺技能传承创新平台主持人有效开展工作。加强培训教学、学员、考核结业和经费使用管理，开展项目总结评估，建立培训档案。

第八条 职业院校要制定本校教师培训整体规划，为校长、教师参加培训提供必要的支持和帮助。校长和教师制定个人专业发展规划，认真完成培训任务，坚持学以致用、重在实践，推进培训成果转化，有效改进学校教育教学工作。

第三章 组织实施

第九条 教育部会同财政部于每年5月底前确定本年度"计划"实施目标和任务要求。各省级教育行政部门根据区域产业结构转型升级、职业院校专业建设的实际需要，明确培训对象、培训形式、培训内容等要求，总结上年度实施情况，研究制订本地区年度项目规划方案，包括年度目标任务、项目安排、实施范围、管理措施、成果呈现和绩效考核标准，并报送教育部审核。教育部组织专家对各省（区、市）年度规划方案进行审核，并于每年6月底前将评审意见反馈各地。

第十条 各省级教育行政部门要积极协调财政部门，按照项目管理办法、项目实施指南等要求，加强项目总体安排和系统设计，规范项目立项程序，加快项目申报、评审与立项流程，原则上于经费下达90天内完成。

第十一条 各省级教育行政部门要严把申报项目单位的资质条件，鼓励有条件的大中型企业参与。按照公平、公正、公开原则，竞争择优、遴选确定项目承担单位，对绩效考评优良的单位实行2-3年周期遴选机制，每年度对绩效考评较差的单位进行动态调整。

（一）申报职业院校教师示范培训项目的单位一般应是全国重点建设职教师资培养培训基地、全国职业教育师资专业技能示范单位，以及承担过两年以上省级教师培训任务且2006年以来获得过中央财政重点专业建设资金支持的优质省级职教师资培养培训基地。同时，组织各省（区、市）遴选推荐具备条件的远程培训机构，供全国统筹使用，为实施示范培训项目远程培训模块提供优质课程资源。

（二）申请承担卓越校长专题研修的单位一般应是全国重点建设职教师资培养培训基地，且具有承担两年以上国家或省级职业院校校长培训任务工作经验。教育部每年公布一次项目承担单位资质名单，由参训校长自主选学。

（三）申报中高职教师素质协同提升项目的单位一般应是国家示范（骨干）高等职业院校、国家级中等职业教育改革发展示范学校、应用型本科高校或全国重点建设职教师资培养培训基地，且具备支撑实施教师网络研修的设施设备、网络平台系统、数字化资源等条件。

（四）申报教师企业实践项目的企业一般应是国家级或省级职业教育教师企业实践基地，行业代表性强、覆盖专业面广、岗位群和产业链齐全，具有专门的职工培训机构、能够提供实践岗位和指导教师（师傅），且可以解决教师实践必需的食宿等生活条件。

第十二条　各省级教育行政部门要依托相关机构，做好项目的统筹管理、安排部署和组织实施工作，加强对项目实施过程的监管，确保达成年度项目绩效目标。开展教师教育创新示范区（校）建设，探索出国进修、自主选学等培训形式，建立地方政府、本科高校、职业院校与行业企业（职教集团）协同实施教师培训项目的长效机制，加强基地专业和课程建设，通过政府购买服务、表彰奖励、提供产品研发和技术创新服务等措施，吸引行业组织、大中型企业积极参与。

第十三条 中西部地区教师培养培训资源匮乏省份应充分利用省外资源，与资源丰富省份联合组织实施项目。东部省份要利用对口支援、合作帮扶、联合实施项目等方式，动员省内职教师资培养培训基地主动对接和服务中西部省份，在师资、课程、网络资源等方面提供支持和帮助。

第十四条 项目承担单位要严格按照批准立项的项目实施方案，认真执行培训计划，不得随意删减、压缩教师培训学时。深化校企、校际合作，与行业企业、本科高校、职业院校合作实施项目，互派师资、共享资源。创新教师培训方式方法，运用"互联网+"信息技术手段，丰富教师培训课程资源，调动参训教师（含校长）学习的积极性和自主性。开展教师训前需求诊断、训中测评指导、训后考核跟踪，研究开发教师能力测评工具，增强培训的针对性和实效性。

第四章 过程管理

第十五条 教育部依托职业院校教师素质提高计划信息化服务平台和应用软件，对项目实施过程进行全程管理和质量监测，加强参训校长、教师统一管理，做到一人一号。组织专家适时开展抽查与指导。依托项目管理机构，对于跨区域项目实施过程中存在的问题进行协调，对项目承担单位和学员反映的情况，及时与地方教育行政部门进行沟通与反馈。

第十六条　各省级教育行政部门要建立健全项目管理和激励制度，制定项目绩效评价指标体系。加强项目信息化管理，完善参训人员遴选和资格审查制度，及时了解项目实施情况，解决实施过程中出现的问题。制定教师培训（企业实践）学时（学分）计算办法，如实记录教师培训学时（学分）。实施年度项目承担单位绩效考核结果末位淘汰制。对本地区年度"计划"实施成效进行总结，并报教育部。

第十七条　项目承担单位要建立项目管理细则，充分调动项目参与部门以及工作人员的积极性；整合优质资源，健全项目实施所需要的人员经费、设施设备等后勤保障条件；加强与地方教育行政部门的沟通与联系，及时主动处理好项目实施过程中的问题，确保项目任务顺利完成。加强对参训教师出勤、学习表现、作业、培训成果等日常情况考核，考核等级分为优秀、合格和不合格，优秀等级比例不超过20%。按年度对项目执行情况进行总结，提炼、转化、生成课程资源成果。加强安全教育，为参训人员办理人身意外伤害保险。

第十八条　职业院校要制定激励政策，引导支持校长和教师参加培训，把先进教育教学理念、教学方法、专业技能等培训成果进行推广和应用，与本校教学工作实践相结合，切实带动学校教师能力素质和教育教学水平全面提升。

第十九条　教师参加国家级培训且考核合格的，由项目承担单位颁发教育部统一格式的培训结业证书；培训考核等级为优秀的，可优先推荐作为"双师型"名师工作室、教师技艺技能传承创新平台等项目主持人。教师培训学时（学分）全部录入全国教师管理信息系统。

第五章　经费管理

第二十条　中央财政通过现代职业教育质量提升计划专项资金渠道，采取以奖代补方式予以经费支持，带动地方建立健全教师培训经费投入长效机制。

第二十一条　各省级教育行政部门会同财政部门，根据本地区中等和高等职业学校教师国家级培训任务，统筹分配、使用中央和地方财政专项资金，明确重点支持方向、目标任务和开支范围，系统规划、科学设置"计划"项目。严格执行《现代职业教育质量提升计划专项资金管理办法》，根据当地物价水平、人力资源成本等因素，按照各地培训费管理的有关规定严格项目经费使用标准，及时足额将项目经费下拨到项目承担单位。

第二十二条　中央补助经费主要用于补助教师培训（企业实践）期间直接发生的各项费用支出。包括师资费、住宿费、伙食费、培训场地费、设备租赁费、培训资料费、交通费等。

第二十三条　职业院校要保障参训校长和教师的合法权益。校长、教师参训期间，享受学校在岗人员同等工资和福利待遇，参加培训往返及异地教学发生的城市间交通费由所在单位负担。

第二十四条　各省（区、市）、各项目承担单位要严格经费管理，落实经费审计和预决算制度，严格经费报销，确保中央财政补助资金专款专用、专账管理，不得用于弥补其他资金缺口，不得以管理费等名义截留、挪用。项目承担单位不得以任何形式向参训教师收取额外费用。严格落实中央八项规定精神等相关要求，厉行勤俭节约，提高经费使用效益。

第六章　督查评估

第二十五条　教育部对照各省（区、市）年度实施方案，采取匿名评教、专家抽评、第三方评估等多种方式，适时对各地工作开展情况进行绩效考评，不定期开展督促检查。

第二十六条　各省级教育行政部门要制定本地区、本单位绩效考评标准，提出区域绩效目标、实施期绩效目标、项目绩效目标和年度绩效目标，采取自我评估、匿名评教、专家抽评、第三方评估等多种方式，对项目承担单位进行绩效考评。建立专家视导制度，定期组织专家对项目实施情况进行指导检查，保障项目有序、有效、顺利实施。设立项目咨询与服务电话、电子邮箱，接受对项目实施情况的咨询和监督。

第二十七条　职业院校及参训教师要发挥主体作用，积极参与匿名评教、绩效评价等工作，如实反馈项目实施效果。

第二十八条　教育部按年度对各地、各项目承担单位工作绩效结果予以公示，作为下一年度任务调整、考核奖励、鼓励宣传的重要依据。

第七章　附　则

第二十九条　教育部设立项目监督电话（010—66097715）、监督电子邮箱（fzc@moe.edu.cn），接受对项目实施违规情况的反映与举报。

第三十条　本办法自公布之日起施行。

附 录

教育部 财政部关于实施职业院校教师素质提高计划（2017—2020年）的意见

教师〔2016〕10号

各省、自治区、直辖市教育厅（教委）、财政厅（局），各计划单列市教育局、财政局，新疆生产建设兵团教育局、财务局，全国重点建设职教师资培养培训基地：

为贯彻落实《国务院关于加快发展现代职业教育的决定》（国发〔2014〕19号）精神，进一步加强职业院校"双师型"教师队伍建设，推动职业教育发展实现新跨越，教育部、财政部决定实施职业院校教师素质提高计划（2017—2020年）。现就计划实施提出如下意见。

一、目标任务

2017—2020年，组织职业院校教师校长分层分类参加国家级培训，带动地方有计划、分步骤实施五年一周期的教师全员培训，提高教师"双师"素质和校长办学治校能力；支持开展中职、高职、应用型高校教师团队研修和协同创新，创建一批中高职教师专业技能创新示范团队；推进教师和企业人员双向交流合作，建立教师到企业实践和企业人才到学校兼职任教常态化机制，通过示范引领、创新机制、重点推进、以点带面，切实提升职业院校教师队伍整体素质和建设水平，加快建成一支师德高尚、素质优良、技艺精湛、结构合理、专兼结合的高素质专业化的"双师型"教师队伍。

二、实施原则

中央引领，地方为主。中央突出示范引领，明确工作重点，加强统筹指导，强化目标管理，带动地方有效实施教师素质提高计划，建立健全教师培训经费投入长效机制。各省（区、市）根据国家要求，做好规划设计、组织安排、体系建设、监管评估，加大经费投入，保障计划有序推进、顺利实施。

对接需求，重点支持。服务精准扶贫、制造强国、区域协同发展等国家战略，统筹优化教师培养培训资源配置，优先支持战略性新兴产业、现代农业、先进制造业、现代服务业及扶贫重点产业等紧缺领域教师培训，倾斜支持农村、边远、贫困、民族及区域经济重点发展地区学校教师队伍建设。

协同创新，注重实效。推动地方政府、高校、职业院校与行业企业（职教集团）建立协同机制，深化区域、校企、校际合作，完善国家级、省级、市级、校级校企共建的教师专业发展支持服务体系，应用"互联网+"技术创新教师培养培训方式，形成一批教师培养培训示范单位和品牌专业，提升项目实施的针对性和实效性。

规范管理，确保质量。加强管理制度建设，创新工作思路和管理模式，完善竞争择优遴选机制和动态调整机制，吸引行业企业深度参与，建立信息化管理和质量监测系统，强化过程管理、经费监管和绩效考评,切实提高计划的实施质量,确保达到预期的目标效益。

三、计划内容

(一)职业院校教师示范培训

各省(区、市)遴选具备资质条件的职教师资培养培训基地、大中型企业等,采取校企合作、工学交替、线上线下等组织形式,分层分类开展教师示范培训。培训要模块化设置课程,将师德素养、工匠精神、"双创"教育、信息技术等列入培训必修内容,实行集中脱产学习和网络自主化研修相结合,开展训前诊断、训中测评、训后考核,加强教师的师德养成、专业知识更新、实践技能积累和教学能力提升。重点支持新一代信息技术、生物技术、智能制造、节能环保等新兴产业及特色农业、种养业、民族传统工艺等扶贫产业领域教师培训。鼓励支持有条件的地方选派优秀教师校长到国(境)外进修,学习发达国家和地区职业教育理念、教育教学方法手段和先进技术技能。

1. 专业带头人领军能力研修。组织职业院校具有中级以上职称、主持过相关科研教改课题或项目的专业带头人,采取集中面授、返岗实践、再集中面授的交替进行的方式,进行为期不少于4周的培训,重点提升教师的团队合作能力、应用技术研发与推广能力、课程开发技术、教研科研能力,培养一批具备专业领军水平、能够传帮带培训教学团队的"种子"名师。

2. "双师型"教师专业技能培训。组织职业院校不同层次和基础水平的"双师型"教师,采取集中面授与网络研修相结合的方式,进行不少于4周的专项培训,可分阶段。开设专业教学法、课程开发与应用、技术技能实训、教学实践与演练等专题模块，重点提升教师的理实一体教学能力、专业实践技能、信息技术应用能力等"双师"素质。

3. 优秀青年教师跟岗访学。组织职业院校有发展潜力的优秀青年教师到省内外国家级（省级）重点学校、示范学校等优质学校，采取听课观摩、集体备课与案例研讨、参与教科研项目等方式，以"师带徒"模式进行为期不少于8周的跟岗访学，通过全面参与培训院校教育教学实践和管理工作，帮助教师更新教育理念，提升教学能力、研究能力和管理能力，解决教育教学中的实际问题。

4. 卓越校长专题研修。分别组织中职和高职国家级（省级）重点学校、示范学校的校长，采取集中面授、名校观摩、跟岗培训、专题研究等相结合的方式，针对新任校长、骨干校长、知名校长分层分类开展不少于2周的专题研修。围绕集团化办学、校企合作、现代学徒制、学校治理、中高职衔接、专业设置与建设、教师队伍建设等内容，重点提高校长改革创新意识、决策领导能力、依法办学和治校能力，为各地培养一批具有较高知名度、精通现代学校治理的"教育家"型名校长。

（二）中高职教师素质协同提升

各省（区、市）遴选具备条件的优质职业院校、应用型高校、职教师资培养培训基地作为牵头单位，按照中职、高职、应用型本科不同阶段人才接续培养的要求，组织省域内学校的中等和高等职业教育衔接专业教师开展团队研修和协同创新，打造一批定期研修、协同研究、常态合作的中高职教师专业技能创新示范团队。各省（区、市）要根据区域经济社会发展需求合理确定协同提升的专业群，支持牵头学校整合优势资源，提供工作室或平台运行条件保障，支持主持人有效开展工作。

1. 中高职衔接专业教师协同研修。遴选国家级（省级）中高职示范学校具有教学专长的专业带头人、教学名师等主持建立"双师型"名师工作室，牵头组织区域内学校中高职衔接专业教师，采取集中面授和网络研修相结合的方式，进行为期不少于4周的团队研修。重点开展理实一体课程开发、行动导向的教学实践与演练、教科研交流与项目合作，协同提升教师实践教学能力、科研教研能力、研究协作能力等，共同研究开发中等和高等职业教育人才接续培养课程、教材及数字化资源。

2. 紧缺领域教师技术技能传承创新。面向装备制造、高新技术、传统（民族）技艺等紧缺专业，遴选具备条件的优质职业院校、应用型高校、职教师资培养培训基地建立教师技艺技能传承创新平台，组织具有绝招绝技的技能名师、兼职教师领衔，采取集中面授、项目合作研发相结合的方式，面向区域内中高职教师进行为期不少于4周的技术技能实训。重点开展新技术技能的开发与应用、传统（民族）技艺传承、实习实训资源开发、创新创业教育经验交流，提升教师专业实践操作技能、技术应用与创新能力等。

3. 骨干培训专家团队建设。面向承担计划任务的单位、基地管理人员和专兼职培训者，采取集中面授、网络研修、课题研究相结合的方式，进行为期不少于2周的培训组织实施能力专项研修，提升培训者的培训需求诊断能力、教学设计实施能力、课程与数字化资源开发能力、核心技能创新与推广能力、工作室（平台）主持能力和绩效考核评估能力。

（三）校企人员双向交流合作

各省（区、市）要联合行业组织，遴选、建设教师企业实践基地和兼职教师资源库，将实施教师企业实践和兼职教师聘用有效对接，完善教师定期到企业实践、企业人员到学校兼职任教的校企人才双向交流机制，促进产教深度融合。

1. 选派教师到企业实践。采取考察观摩、技能培训、跟岗实习、顶岗实践、在企业兼职或任职、参与产品技术研发等形式，组织职业院校专业课教师进行为期不少于4周的企业实践。重点学习掌握产业结构转型升级及发展趋势、前沿技术研发、关键技能应用等领域，以及企业的生产组织方式、工艺流程、岗位（工种）职责、操作规范、技能要求、用人标准、管理制度、企业文化、应用技术需求等内容，推进企业实践成果向教学资源转化，结合实践改进教学方法和途径，发掘学校技术服务企业发展的方式和途径。各地要遴选具有代表行业先进水平、有较强影响力、覆盖专业面广的企业，完善校企共建教师企业实践流动岗（工作站）机制，支持企业常设一批教师企业实践岗位。

2. 设立兼职教师特聘岗。重点面向战略性新兴产业、高新技术产业等国家亟需特需专业及技术技能积累、民族文化传承与创新等方面专业，支持职业院校设立一批兼职教师特聘岗位，聘请企业高技能人才、工程管理人员、能工巧匠等到学校任教，兼职教师每人每学期任教时间不少于80学时。各地要建立本地区对接产业、实时更新、动态调整的兼职教师资源库，开展兼职教师教育教学能力岗前培训，支持兼职教师参与"双师型"名师工作室建设、校本研修、产学研合作研究等。各地根据本地区实际需要、行业特点、人力资源成本等，具体确定兼职教师聘用人数和补贴标准。

四、保障措施

（一）明确职责分工。教育部制订计划的管理办法和实施指南，成立专家库，完善信息管理平台，推进优质资源共享共用，组织开展督查评估。中央财政通过现代职业教育质量提升计划专项资金渠道，采取以奖代补方式引导地方加大经费投入力度，提升计划的实施成效。各省（区、市）要将计划纳入本地区教育事业"十二五"发展规划，制订本地区项目实施办法，按年度将规划方案报教育部审核，安排专门机构、专人负责，落实工作经费，做好计划的组织、协调、管理和服务。承担单位要整合优质资源，制订对接需求的实施方案，落实条件、人员与经费保障，开发优质课程资源，做好项目总结和效果评估。

（二）加强体系建设。充分发挥国家职教师资培养培训基地和示范学校的示范引领作用，推进校企共建"双师型"教师培养培训基地和企业实践基地，支持教师培养培训资源匮乏省份与资源丰富省份联合组织实施计划，建立承担单位工作评估和动态调整机制，组建专业化培训专家团队，建成一批教师教育优势特色专业和优质课程资源，推进有条件的基地试点探索教师非学历培训与学历学位教育课程衔接和学分互认，构建完备的教师专业发展支持服务体系。

（三）严格经费管理。各省（区、市）要参照国家关于培训费管理的相关规定及《现代职业教育质量提升计划专项资金管理办法》等文件，规范使用管理中央补助经费，严格界定经费开支范围，控制培训费定额标准，对应纳入政府采购范围的事项实行政府采购。实行经费审计和预决算制度，严禁将中央专项资金用于弥补其他资金缺口，坚决杜绝挤占、挪用、截留、克扣、虚列、冒领等违法违规行为的发生，确保专款专用。落实中央八项规定精神等相关要求，厉行勤俭节约，提高经费使用效益。

（四）开展督导评估。国家和省级教育部门要健全计划的绩效评价和激励制度，完善评价指标体系，采取自我评估、匿名评教、专家抽评、第三方评估等方式开展工作绩效评估，评估结果作为经费分配、任务调整、考核奖励、鼓励宣传的重要依据。建立公示制度，按年度对各地、各承担单位执行情况和工作绩效予以公示，定期开展专项督查。

教育部　财政部
2016 年 10 月 28 日

职业学校教师企业实践规定

教育部等七部门
关于印发《职业学校教师企业实践规定》的通知
教师〔2016〕3号

各省(自治区、直辖市)教育厅(教委)、国资委、发展改革委、工业和信息化主管部门、财政厅(局)、人力资源社会保障厅(局)、税务局,新疆生产建设兵团教育局、国资委、发展改革委、工信委、财务局、人力资源社会保障局:

　　为贯彻落实全国职业教育工作会议精神以及《国务院关于加快发展现代职业教育的决定》(国发〔2014〕19号)要求,进一步加强职业学校"双师型"教师队伍建设,促进职业学校教师专业发展,提升教师实践教学水平,特制定《职业学校教师企业实践规定》。现印发给你们,请遵照执行。

执行中如遇问题，请及时反馈。

教育部　国务院国有资产监督管理委员会
国家发展和改革委员会　工业和信息化部　财政部
人力资源和社会保障部　国家税务总局
2016年5月11日

第一章　总　则

第一条　为建设高水平职业教育教师队伍，根据《中华人民共和国职业教育法》《中华人民共和国教师法》《国家中长期教育改革和发展规划纲要（2010—2020年）》《国务院关于加快发展现代职业教育的决定》，制定本规定。

第二条　组织教师企业实践，是加强职业学校"双师型"教师队伍建设，实行工学结合、校企合作人才培养模式，提高职业教育质量的重要举措。企业依法应当接纳职业学校教师进行实践。地方各级人民政府及有关部门、行业组织、职业学校和企业要高度重视，采取切实有效措施，完善相关支持政策，有效推进教师企业实践工作。

第三条　定期到企业实践，是促进职业学校教师专业发展、提升教师实践教学能力的重要形式和有效举措。职业学校应当保障教师定期参加企业实践的权利。各级教育行政部门和职业学校要制定具体办法，不断完善教师定期到企业实践制度。

第二章　内容和形式

第四条　职业学校专业课教师（含实习指导教师）要根据专业特点每 5 年必须累计不少于 6 个月到企业或生产服务一线实践，没有企业工作经历的新任教师应先实践再上岗。公共基础课教师也应定期到企业进行考察、调研和学习。

第五条　教师企业实践的主要内容，包括了解企业的生产组织方式、工艺流程、产业发展趋势等基本情况，熟悉企业相关岗位职责、操作规范、技能要求、用人标准、管理制度、企业文化等，学习所教专业在生产实践中应用的新知识、新技术、新工艺、新材料、新设备、新标准等。

第六条　教师企业实践的形式，包括到企业考察观摩、接受企业组织的技能培训、在企业的生产和管理岗位兼职或任职、参与企业产品研发和技术创新等。鼓励探索教师企业实践的多种实现形式。

第七条　教师企业实践要有针对性和实效性。职业学校要会同企业结合教师专业水平制订企业实践方案，根据教师教学实践和教研科研需要，确定教师企业实践的重点内容，解决教学和科研中的实际问题。要将组织教师企业实践与学生实习有机结合、有效对接，安排教师有计划、有针对性地进行企业实践，同时协助企业管理、指导学生实习。企业实践结束后，要及时总结，把企业实践收获转化为教学资源，推动教育教学改革与产业转型升级衔接配套。

第三章　组织与管理

第八条　各地要将教师企业实践工作列为职业教育工作部门联席会议的重要内容，组织教育、发展改革、工业和信息化、财政、人力资源社会保障等相关部门定期研究，将教师企业实践纳入教师培训规划，加强与行业主管部门和行业组织的沟通与协调，建立健全教师企业实践的激励机制和保障体系，统筹管理和组织实施教师企业实践工作。

第九条　省级教育行政部门负责制订本省（区、市）教师企业实践工作总体规划和管理办法，依托现有资源建立信息化管理平台，制定教师企业实践基地遴选条件及淘汰机制，确定教师企业实践时间折算为教师培训学时（学分）的具体标准，对各地（市）教师企业实践工作进行指导、监督和评估，会同人力资源社会保障、财政、发展改革等相关部门研究制定支持教师企业实践的政策措施。

第十条　地（市）级教育行政部门负责制订本地区教师企业实践实施细则和鼓励支持政策，建立区域内行业组织、企业与职业学校的沟通、磋商、联动机制，管理和组织实施教师企业实践工作。

第十一条　各行业主管部门和行业组织应积极引导支持行业内企业开展教师企业实践活动，配合教育行政部门、人力资源社会保障行政部门落实教师企业实践基地，对行业内企业承担教师企业实践任务进行协调、指导与监督。

第十二条　企业应根据自身实际情况发挥接收教师企业实

践的主体作用,积极承担教师企业实践任务。承担教师企业实践任务的企业,将其列入企业人力资源部门工作职责,完善教师企业实践工作管理制度和保障机制,并与教育、人力资源社会保障部门联合制定教师企业实践计划,按照"对口"原则提供技术性岗位(工种),解决教师企业实践必需的办公、生活条件,明确管理责任人和指导人员(师傅),实施过程管理和绩效评估。

第十三条 职业学校要做好本校教师企业实践规划、实施计划、组织管理、考核评价等工作。除组织教师参加教育行政部门统一安排的教师企业实践外,职业学校还应自主组织教师定期到企业实践。

第十四条 教师参加企业实践,要充分发挥自身优势,积极承担企业职工教育与培训、产品研发、技术改造与推广等工作,严格遵守相关法律法规及企业生产、管理、安全、保密、知识产权及专利保护等各方面规定,必要时双方应签订相关协议。

第四章 保障措施

第十五条 建立政府、学校、企业和社会力量各方多渠道筹措经费机制,推动职业学校教师企业实践工作。鼓励引导社会各方通过设立专项基金、捐资赞助等方式支持教师企业实践。

第十六条 教师企业实践所需的设施、设备、工具和劳保用品等,由接收企业按在岗职工岗位标准配置。企业因接收教师实践所实际发生的有关合理支出,按现行税收法律规定在计算应纳税所得额时扣除。

第十七条 鼓励支持具有行业代表性的规模以上企业在接收教师企业实践方面发挥示范作用。

第十八条 国家和省级教育行政部门应会同行业主管部门依托现有资源，遴选一批共享开放的示范性教师企业实践基地，引导职业学校整合校内外企业资源建设具备生产能力的校级教师企业实践基地，逐步建立和完善教师企业实践体系。

第十九条 经学校批准到企业实践的教师，实践期间享受学校在岗人员同等的工资福利待遇，培训费、差旅费及相关费用按各地有关规定支付。教师参加企业实践应根据实际需要办理意外伤害保险。

第五章 考核与奖惩

第二十条 各地要将教师企业实践工作情况纳入对办学主管部门和职业学校的督导考核内容，对于工作成绩突出的基层部门、学校按照国家有关规定给予表彰，并予以鼓励宣传。

第二十一条 省级教育行政部门应会同有关行政部门和行业组织定期对所辖企业的教师企业实践工作进行监督、指导、考核，对工作成绩突出的企业、个人按照国家有关规定予以表彰奖励。采取有效措施，鼓励支持有条件的企业常设一批教师企业实践岗位。

第二十二条 地方各级教育行政部门要会同人力资源社会保障行政部门建立教师企业实践考核和成绩登记制度，把教师企业实践学时（学分）纳入教师考核内容。引导支持有条件的企业对参加实践的教师进行职业技能鉴定，取得相应职业资格证书。

第二十三条 职业学校要会同企业对教师企业实践情况进行考核，对取得突出成绩、重大成果的教师给予表彰奖励。

第二十四条 教师无正当理由拒不参加企业实践或参加企业实践期间违反有关纪律规定的，所在学校应督促其改正，并视情节给予批评教育；有违法行为的，按照有关规定处理。

第六章 附 则

第二十五条 本规定所称职业学校教师指中等职业学校和高等职业学校教师。技工院校教师企业实践有关工作由各级人力资源社会保障行政部门负责。

第二十六条 本规定所称企业指在各级工商行政管理部门登记注册的各类企业。教师到机关、事业单位、社会团体和组织、境外企业等其他单位或机构实践，参照本规定执行。

第二十七条 本规定由教育部等部门根据职责分工，对本部门职责范围内事项负责解释。

第二十八条 本规定自公布之日起施行。

职业学校学生实习管理规定

教育部　财政部　人力资源和社会保障部等
关于印发《职业学校学生实习管理规定》的通知
教职成〔2016〕3号

各省、自治区、直辖市教育厅（教委）、财政厅（局）、人力资源社会保障厅（局）、安全生产监督管理局、保监局，各计划单列市教育局、财政局、人力资源社会保障局、安全生产监督管理局、保监局，新疆生产建设兵团教育局、财务局、人力资源社会保障局、安全生产监督管理局：

为贯彻落实全国职业教育工作会议精神，规范职业学校学生实习工作，维护学生、学校和实习单位的合法权益，提高技术技能人才培养质量，教育部、财政部、人力资源社会保障部、国家安全监管总局、中国保监会研究制定了《职业学校学生实习管理规定》，现印发给你们,请遵照执行。

教育部　财政部

人力资源社会保障部　安全监管总局

中国保监会

2016 年 4 月 11 日

第一章 总 则

第一条 为规范和加强职业学校学生实习工作,维护学生、学校和实习单位的合法权益,提高技术技能人才培养质量,增强学生社会责任感、创新精神和实践能力,更好服务产业转型升级需要,依据《中华人民共和国教育法》《中华人民共和国职业教育法》《中华人民共和国劳动法》《中华人民共和国安全生产法》《中华人民共和国未成年人保护法》《中华人民共和国职业病防治法》及相关法律法规、规章,制定本规定。

第二条 本规定所指职业学校学生实习,是指实施全日制学历教育的中等职业学校和高等职业学校学生(以下简称职业学校)按照专业培养目标要求和人才培养方案安排,由职业学校安排或者经职业学校批准自行到企(事)业等单位(以下简称实习单位)进行专业技能培养的实践性教育教学活动,包括认识实习、跟岗实习和顶岗实习等形式。

认识实习是指学生由职业学校组织到实习单位参观、观摩和体验,形成对实习单位和相关岗位的初步认识的活动。

跟岗实习是指不具有独立操作能力、不能完全适应实习岗位要求的学生，由职业学校组织到实习单位的相应岗位，在专业人员指导下部分参与实际辅助工作的活动。

顶岗实习是指初步具备实践岗位独立工作能力的学生，到相应实习岗位，相对独立参与实际工作的活动。

第三条 职业学校学生实习是实现职业教育培养目标，增强学生综合能力的基本环节，是教育教学的核心部分，应当科学组织、依法实施，遵循学生成长规律和职业能力形成规律，保护学生合法权益；应当坚持理论与实践相结合，强化校企协同育人，将职业精神养成教育贯穿学生实习全过程，促进职业技能与职业精神高度融合，服务学生全面发展，提高技术技能人才培养质量和就业创业能力。

第四条 地方各级人民政府相关部门应高度重视职业学校学生实习工作，切实承担责任，结合本地实际制定具体措施鼓励企（事）业等单位接收职业学校学生实习。

第二章 实习组织

第五条 教育行政部门负责统筹指导职业学校学生实习工作；职业学校主管部门负责职业学校实习的监督管理。职业学校应将学生跟岗实习、顶岗实习情况报主管部门备案。

第六条 职业学校应当选择合法经营、管理规范、实习设备完备、符合安全生产法律法规要求的实习单位安排学生实习。在确定实习单位前，职业学校应进行实地考察评估并形成书面报告，考察内容应包括：单位资质、诚信状况、管理水平、实习岗位性质和内容、工作时间、工作环境、生活环境以及健康保障、安全防护等方面。

第七条 职业学校应当会同实习单位共同组织实施学生实习。

实习开始前,职业学校应当根据专业人才培养方案,与实习单位共同制订实习计划,明确实习目标、实习任务、必要的实习准备、考核标准等;并开展培训,使学生了解各实习阶段的学习目标、任务和考核标准。

职业学校和实习单位应当分别选派经验丰富、业务素质好、责任心强、安全防范意识高的实习指导教师和专门人员全程指导、共同管理学生实习。

实习岗位应符合专业培养目标要求,与学生所学专业对口或相近。

第八条 学生经本人申请,职业学校同意,可以自行选择顶岗实习单位。对自行选择顶岗实习单位的学生,实习单位应安排专门人员指导学生实习,学生所在职业学校要安排实习指导教师跟踪了解实习情况。

认识实习、跟岗实习由职业学校安排,学生不得自行选择。

第九条 实习单位应当合理确定顶岗实习学生占在岗人数的比例,顶岗实习学生的人数不超过实习单位在岗职工总数的10%,在具体岗位顶岗实习的学生人数不高于同类岗位在岗职工总人数的20%。

任何单位或部门不得干预职业学校正常安排和实施实习计划,不得强制职业学校安排学生到指定单位实习。

第十条 学生在实习单位的实习时间根据专业人才培养方案确定,顶岗实习一般为6个月。支持鼓励职业学校和实习单位合作探索工学交替、多学期、分段式等多种形式的实践性教学改革。

第三章 实习管理

第十一条 职业学校应当会同实习单位制定学生实习工作具体管理办法和安全管理规定、实习学生安全及突发事件应急预案等制度性文件。

职业学校应对实习工作和学生实习过程进行监管。鼓励有条件的职业学校充分运用现代信息技术，构建实习信息化管理平台，与实习单位共同加强实习过程管理。

第十二条 学生参加跟岗实习、顶岗实习前，职业学校、实习单位、学生三方应签订实习协议。协议文本由当事方各执一份。

未按规定签订实习协议的，不得安排学生实习。

认识实习按照一般校外活动有关规定进行管理。

第十三条 实习协议应明确各方的责任、权利和义务，协议约定的内容不得违反相关法律法规。

实习协议应包括但不限于以下内容：

（一）各方基本信息；

（二）实习的时间、地点、内容、要求与条件保障；

（三）实习期间的食宿和休假安排；

（四）实习期间劳动保护和劳动安全、卫生、职业病危害防护条件；

（五）责任保险与伤亡事故处理办法，对不属于保险赔付范围或者超出保险赔付额度部分的约定责任；

（六）实习考核方式；

（七）违约责任；

（八）其他事项。

顶岗实习的实习协议内容还应当包括实习报酬及支付方式。

第十四条 未满18周岁的学生参加跟岗实习、顶岗实习，应取得学生监护人签字的知情同意书。

学生自行选择实习单位的顶岗实习，学生应在实习前将实习协议提交所在职业学校，未满18周岁学生还需要提交监护人签字的知情同意书。

第十五条 职业学校和实习单位要依法保障实习学生的基本权利，并不得有下列情形：

（一）安排、接收一年级在校学生顶岗实习；

（二）安排未满16周岁的学生跟岗实习、顶岗实习；

（三）安排未成年学生从事《未成年工特殊保护规定》中禁忌从事的劳动；

（四）安排实习的女学生从事《女职工劳动保护特别规定》中禁忌从事的劳动；

（五）安排学生到酒吧、夜总会、歌厅、洗浴中心等营业性娱乐场所实习；

（六）通过中介机构或有偿代理组织、安排和管理学生实习工作。

第十六条 除相关专业和实习岗位有特殊要求，并报上级主管部门备案的实习安排外，学生跟岗和顶岗实习期间，实习单位应遵守国家关于工作时间和休息休假的规定，并不得有以下情形：

（一）安排学生从事高空、井下、放射性、有毒、易燃易爆，以及其他具有较高安全风险的实习；

（二）安排学生在法定节假日实习；

（三）安排学生加班和夜班。

第十七条 接收学生顶岗实习的实习单位，应参考本单位相同岗位的报酬标准和顶岗实习学生的工作量、工作强度、工作时间等因素，合理确定顶岗实习报酬，原则上不低于本单位相同岗位试用期工资标准的80%，并按照实习协议约定，以货币形式及时、足额支付给学生。

第十八条 实习单位因接收学生实习所实际发生的与取得收入有关的、合理的支出，按现行税收法律规定在计算应纳税所得额时扣除。

第十九条 职业学校和实习单位不得向学生收取实习押金、顶岗实习报酬提成、管理费或者其他形式的实习费用，不得扣押学生的居民身份证，不得要求学生提供担保或者以其他名义收取学生财物。

第二十条 实习学生应遵守职业学校的实习要求和实习单位的规章制度、实习纪律及实习协议，爱护实习单位设施设备，完成规定的实习任务，撰写实习日志，并在实习结束时提交实习报告。

第二十一条 职业学校要和实习单位相配合，建立学生实习信息通报制度，在学生实习全过程中，加强安全生产、职业道德、职业精神等方面的教育。

第二十二条 职业学校安排的实习指导教师和实习单位指

定的专人应负责学生实习期间的业务指导和日常巡视工作，定期检查并向职业学校和实习单位报告学生实习情况，及时处理实习中出现的有关问题，并做好记录。

第二十三条　职业学校组织学生到外地实习，应当安排学生统一住宿；具备条件的实习单位应为实习学生提供统一住宿。职业学校和实习单位要建立实习学生住宿制度和请销假制度。学生申请在统一安排的宿舍以外住宿的，须经学生监护人签字同意，由职业学校备案后方可办理。

第二十四条　鼓励职业学校依法组织学生赴国（境）外实习。安排学生赴国（境）外实习的，应当根据需要通过国家驻外有关机构了解实习环境、实习单位和实习内容等情况，必要时可派人实地考察。要选派指导教师全程参与，做好实习期间的管理和相关服务工作。

第二十五条　鼓励各地职业学校主管部门建立学生实习综合服务平台，协调相关职能部门、行业企业、有关社会组织，为学生实习提供信息服务。

第二十六条　对违反本规定组织学生实习的职业学校，由职业学校主管部门责令改正。拒不改正的，对直接负责的主管人员和其他直接责任人依照有关规定给予处分。因工作失误造成重大事故的，应依法依规对相关责任人追究责任。

对违反本规定中相关条款和违反实习协议的实习单位，职业学校可根据情况调整实习安排，并根据实习协议要求实习单位承担相关责任。

第二十七条　对违反本规定安排、介绍或者接收未满16周岁学生跟岗实习、顶岗实习的，由人力资源社会保障行政部门依照《禁止使用童工规定》进行查处；构成犯罪的，依法追究刑事责任。

第四章 实习考核

第二十八条 职业学校要建立以育人为目标的实习考核评价制度，学生跟岗实习和顶岗实习，职业学校要会同实习单位根据学生实习岗位职责要求制订具体考核方式和标准，实施考核工作。

第二十九条 跟岗实习和顶岗实习的考核结果应当记入实习学生学业成绩，考核结果分优秀、良好、合格和不合格四个等次，考核合格以上等次的学生获得学分，并纳入学籍档案。实习考核不合格者，不予毕业。

第三十条 职业学校应当会同实习单位对违反规章制度、实习纪律以及实习协议的学生，进行批评教育。学生违规情节严重的，经双方研究后，由职业学校给予纪律处分；给实习单位造成财产损失的，应当依法予以赔偿。

第三十一条 职业学校应组织做好学生实习情况的立卷归档工作。实习材料包括：（1）实习协议；（2）实习计划；（3）学生实习报告；（4）学生实习考核结果；（5）实习日志；（6）实习检查记录等；（7）实习总结。

第五章 安全职责

第三十二条 职业学校和实习单位要确立安全第一的原则，

严格执行国家及地方安全生产和职业卫生有关规定。职业学校主管部门应会同相关部门加强实习安全监督检查。

第三十三条 实习单位应当健全本单位生产安全责任制，执行相关安全生产标准，健全安全生产规章制度和操作规程，制定生产安全事故应急救援预案，配备必要的安全保障器材和劳动防护用品，加强对实习学生的安全生产教育培训和管理，保障学生实习期间的人身安全和健康。

第三十四条 实习单位应当会同职业学校对实习学生进行安全防护知识、岗位操作规程教育和培训并进行考核。未经教育培训和未通过考核的学生不得参加实习。

第三十五条 推动建立学生实习强制保险制度。职业学校和实习单位应根据国家有关规定，为实习学生投保实习责任保险。责任保险范围应覆盖实习活动的全过程，包括学生实习期间遭受意外事故及由于被保险人疏忽或过失导致的学生人身伤亡，被保险人依法应承担的责任，以及相关法律费用等。

学生实习责任保险的经费可从职业学校学费中列支；免除学费的可从免学费补助资金中列支，不得向学生另行收取或从学生实习报酬中抵扣。职业学校与实习单位达成协议由实习单位支付投保经费的，实习单位支付的学生实习责任保险费可从实习单位成本（费用）中列支。

第三十六条 学生在实习期间受到人身伤害，属于实习责任保险赔付范围的，由承保保险公司按保险合同赔付标准进行赔付。不属于保险赔付范围或者超出保险赔付额度的部分，由实习单位、职业学校及学生按照实习协议约定承担责任。职业学校和实习单位应当妥善做好救治和善后工作。

第六章 附 则

第三十七条 各省、自治区、直辖市教育行政部门应会同人力资源社会保障等相关部门依据本规定,结合本地区实际制定实施细则或相应的管理制度。

第三十八条 非全日制职业教育、高中后中等职业教育学生实习参照本规定执行。

第三十九条 本规定自发布之日起施行,《中等职业学校学生实习管理办法》(教职成〔2007〕4号)同时废止。